29 minutos
PARA FALAR BEM EM PÚBLICO

Reinaldo Polito
& Rachel Polito

29 minutos
PARA FALAR BEM EM PÚBLICO
e conversar com desenvoltura

Copyright © 2015 por Reinaldo Polito e Rachel Eid Polito

Todos os direitos reservados. Nenhuma parte deste livro pode ser utilizada ou reproduzida sob quaisquer meios existentes sem autorização por escrito dos editores.

preparo de originais: Magda Tebet
revisão: Clarissa Peixoto e Rebeca Bolite
projeto gráfico e diagramação: Valéria Teixeira
capa: Rodrigo Rodrigues
impressão e acabamento: Bartira Gráfica

CIP-BRASIL. CATALOGAÇÃO NA PUBLICAÇÃO
SINDICATO NACIONAL DOS EDITORES DE LIVROS, RJ

P823v   Polito, Rachel
          29 minutos para falar bem em público /
          Rachel Polito, Reinaldo Polito. Rio de Janeiro:
          Sextante, 2015.
          144 p.; 14 x 21 cm.

          Inclui bibliografia
          ISBN 978-85-431-0296-2

          1. Apresentações em público. 2. Oratória.
          3. Negócios. 4. Comunicação interpessoal. I. Polito,
          Reinaldo. II. Título.

15-26407   CDD 158.2
                                                   CDU 316.47

Todos os direitos reservados, no Brasil, por
GMT Editores Ltda.
Rua Voluntários da Pátria, 45 – 14º andar – Botafogo
22270-000 – Rio de Janeiro – RJ
Tel.: (21) 2538-4100
E-mail: atendimento@sextante.com.br
www.sextante.com.br

A Rafaela,
uma menininha que chegou muito querida.

AGRADECIMENTOS

A Marlene Theodoro,
que leu com atenção cada um destes capítulos
e sugeriu acertos e correções.

A Armando Pereira Filho,
editor do UOL, que avaliou com competência e
profissionalismo cada um dos textos antes
de serem publicados.

SUMÁRIO

INTRODUÇÃO
29 minutos são suficientes para você aprender a falar bem — 9

1. Dá para aprender a falar bem em pouco tempo — 13
2. Fique pronto em menos de 29 minutos — 16
3. Você vai falar daqui a pouco — 20
4. Cinco passos para ter sucesso na comunicação — 25
5. Dicas para criar e elaborar apresentações — 29
6. Organize sua mensagem rapidamente — 33
7. A melhor técnica para falar em público — 36
8. Na hora de expor e aprovar uma proposta — 39
9. Como enfrentar o medo de falar em público — 43
10. Três defeitos na comunicação dos profissionais — 48
11. Evite gestos errados ao falar — 52
12. Minicurso para você falar bem — 55
13. Táticas para interagir com os ouvintes — 60
14. E se disserem o que você ia dizer? — 63
15. Sua comunicação deve ser um show — 67
16. Escutar é importante. Falar também. — 71
17. Apresentações para o chefe com o uso de recursos visuais — 74
18. A fala certa do chefe para o subordinado — 78

19. Histórias que podem atrapalhar — 82
20. Dispense os recursos visuais e ganhe tempo — 86
21. Não seja prolixo. Fale com objetividade. — 92
22. Cinco regras para ser bom de papo — 96
23. Aprenda a puxar conversa no elevador — 100
24. Quem manda são os ouvintes — 105
25. Ruídos que matam a comunicação — 109
26. Seja um comunicador irresistível — 113
27. Como conquistar os ouvintes — 117
28. Expressões mágicas ajudam a encerrar — 122
29. Evite riscos e melhore suas apresentações — 125

REINALDO POLITO — 129
RACHEL POLITO — 134
BIBLIOGRAFIA — 137

INTRODUÇÃO

29 minutos são suficientes para você aprender a falar bem

Com este livro você vai aprender, em apenas 29 minutos, a falar em público e a conversar com as pessoas de maneira segura e desembaraçada. Por que 29 e não 30 minutos ou uma hora? Simples: para que você saiba que as técnicas mais relevantes da comunicação podem ser aprendidas em menos de meia hora.

Eu e Rachel escrevemos cada capítulo imaginando que você tem menos de meia hora para se preparar para uma apresentação. O que fazer nesse tempo tão curto? Por onde começar? O que considerar para aproveitar bem cada minuto? Como afastar o desespero tão comum nessas situações? As respostas estão todas aqui, escritas sem rodeios e de maneira bastante prática.

Vinte e nove minutos, ou menos, serão suficientes para você aprender a elaborar uma boa apresentação com começo, meio e fim e decidir se deve ou não usar o humor e a presença de espírito. Você vai saber como se posicionar com elegância e como gesticular de maneira harmoniosa diante da plateia. Estará preparado para adequar o vocabulário a cada tipo de ouvinte e apto a encontrar a velocidade ideal da fala e o volume de voz apropriado a cada ambiente. Saberá escolher a técnica mais conveniente de acordo com a circunstância, sempre de forma coerente com seu estilo de comunicação.

Reunimos aqui tudo o que você precisa para resolver as questões mais complexas da arte de falar em público, sobretudo em situações nas quais tem pressa.

Você verá que alguns conceitos – como naturalidade, emoção, conteúdo, voz, vocabulário, expressão corporal e planejamento – são tão importantes que se repetem diversas vezes em diferentes capítulos, dependendo do contexto abordado.

Você não vai começar do zero. Em cada orientação, vamos ajudá-lo a aproveitar o conhecimento adquirido ao longo da vida. Você sabe falar, não é verdade? Então! Talvez o que lhe falte seja usar de forma apropriada a comunicação que desenvolveu com o passar dos anos. Assim, em vários capítulos é provável que você tenha a impressão de que as sugestões que damos já sejam do seu conhecimento. E são mesmo. O fato de não existir nada de tão novo nesse aprendizado é uma vantagem excepcional. Evitará esforços desnecessários e permitirá pular etapas que consumiriam tempo, algo muito importante para quem está prestes a enfrentar o público e precisa desempenhar bem essa tarefa.

Não será necessário estudar: você não terá de se preocupar em decorar regras nem conceitos teóricos. Basta ler, entender e pôr em prática. Tudo muito simples, rápido, sem complexidade nem complicação. E, se tiver mais tempo para se dedicar a esse aprendizado, o que certamente ocorrerá, a assimilação será ainda mais confortável e tranquila.

Portanto, você tem pelo menos três formas de ler este livro. A primeira, que leva apenas 29 minutos, é ir direto ao final de cada capítulo até a seção "Para ler em menos de um minuto", onde encontrará um resumo do que foi tratado ali. A segunda é voltar ao sumário e escolher os assuntos que mais lhe interessam neste momento. Por exemplo: talvez você não precise usar recursos audiovisuais na sua apresentação, nem aprimorar técnicas para conversar dentro de um elevador. Assim, sinta-se livre para eleger os capítulos de fato essenciais para esse pouco tempo que tem à disposição agora e pular os demais. Mais tarde, tendo atendido às suas demandas de comunicação mais urgentes, você poderá se dedicar à terceira forma, que é a leitura mais detalhada e completa.

Para facilitar nosso contato, vou conversar com você como se estivéssemos apenas nós dois, embora você esteja ciente de que os conceitos aqui implementados foram produzidos por mim e por Rachel Polito.

Bem, já que você tem pouco tempo para aprender tudo o que vem pela frente, arregace as mangas e vá logo ao que interessa. Boa leitura!

REINALDO POLITO

1 Dá para aprender a falar bem em pouco tempo

APROVEITE OS 29 MINUTOS – Se estiver muito em cima da hora de falar, vá diretamente ao último parágrafo deste capítulo. Se o tempo for ainda mais exíguo, leia apenas o resumo do texto em "Para ler em menos de um minuto". Depois, com mais tempo e calma, leia o texto todo.

Lembro-me de uma palestra a que assisti, há mais de 30 anos, ainda no início das minhas atividades como professor de oratória. O palestrante revelava de maneira enfática que ninguém poderia ser capaz de ensinar a falar em público em pouco tempo. Explicou, com detalhes "irrefutáveis", por que uma pessoa precisaria de meses para aprender a falar em público com segurança e desembaraço.

Prestei bastante atenção nas palavras dele e saí satisfeito daquela palestra. Concluí que só aquela informação já valera minha ida ao evento. Revendo cada item das explicações, senti que ele tinha razão. Afinal, como alguém pode ensinar técnicas de comunicação e fazer com que o aluno pratique todas elas e, imediatamente, saia pronto para enfrentar plateias?

Mais de três décadas depois, posso afirmar com segurança que aquele palestrante estava enganado. É possível, sim, aprender a falar bem em público em pouco tempo. Boa parte dos mais de 50 mil alunos que já treinei em meu curso participou de aulas individuais. Eles aprenderam rapidamente a se expressar em público de forma correta e confiante.

Não seria viável ensinar alguém a falar em público num estalar de dedos se fosse para impor técnicas prontas, padronizadas. Mesmo que a pessoa aprendesse assim, logo perceberia que, para usá-las, apenas interpretaria uma personagem, representaria um papel, e, por isso, as abandonaria e voltaria a agir como antes do aprendizado.

Para ser aprendida em pouco tempo e de forma perene, a técnica deve pertencer ao indivíduo. Com minha longa experiência, posso assegurar que, depois que a pessoa se descontrai, é possível observar, em poucos minutos de conversa, qual o ritmo da sua fala, o tipo de vocabulário que usa para construir as frases, a maneira como gesticula e como organiza o raciocínio.

Depois dessa avaliação, sei como o aluno se comporta de forma espontânea no dia a dia e o que pode produzir em situações mais formais. A partir dessa constatação, o trabalho é só transportar para a tribuna aquilo que a pessoa já sabe fazer. Em pouquíssimo tempo, portanto, ela consegue reproduzir diante do microfone o que faz quando conversa naturalmente com amigos e familiares.

Você verá nos próximos capítulos que também é importante aprender a adaptar o volume da voz ao ambiente, adequar tanto o vocabulário – tendo em vista a circunstância e o tipo de ouvinte – quanto a expressão corporal para dar harmonia ao conjunto da comunicação e ordenar o pensamento para ter lógica de raciocínio, com começo, meio e fim.

Esses detalhes, no entanto, podem ser desenvolvidos rapidamente e aperfeiçoados depois com a prática, durante a apresentação de projetos e propostas ou mesmo ao proferir palestras e conferências. Por isso, preste atenção na sua comunicação e aprenda como ela se desenvolve nas conversas do dia a dia para agir da mesma maneira quando estiver falando diante do público.

Este é o caminho que você deve percorrer para melhorar com rapidez sua comunicação em público: tente falar diante da plateia como se estivesse conversando de maneira animada com algumas pessoas próximas na sala da sua casa. Entenda que não deve fazer nada diferente do que já sabe: apenas ser você mesmo.

PARA LER EM MENOS DE UM MINUTO

- Você já sabe falar. Aprenda a conhecer sua própria comunicação. Use diante do público o mesmo vocabulário, o mesmo ritmo da fala e a mesma gesticulação que utiliza no seu dia a dia.
- Fale em público como se estivesse conversando em casa com um grupo de amigos ou familiares.
- Falar em público é uma conversa, só que um pouco mais animada. Portanto, fale em público como se estivesse participando com entusiasmo de um bate-papo.
- Adapte o volume da voz ao ambiente e use o vocabulário de acordo com a formalidade da circunstância e as características dos ouvintes.
- Invista na comunicação. Trata-se de uma das competências mais valorizadas no relacionamento social e na vida corporativa. É possível aperfeiçoar em pouco tempo sua própria maneira de se expressar.

2 Fique pronto em menos de 29 minutos

E se você não tiver nem 29 minutos para se preparar? Imagine que na última hora você tenha de falar em público e não saiba por onde começar. Aqui está um roteiro simples e rápido de três passos básicos para estruturar uma boa apresentação em poucos minutos. Se precisar se preparar ainda mais depressa, vá direto para o resumo no final do texto. Depois você terá tempo para ler tudo com calma.

1 – SAIBA QUAL O TEMA E O MOTIVO DO EVENTO. Identifique de maneira clara qual o objetivo do evento e o assunto que será tratado. Reflita sobre os motivos que levaram as pessoas àquele encontro e certifique-se de conhecer o tema principal a ser abordado.

2 – DESCUBRA OS PROBLEMAS E AS SOLUÇÕES PROPOSTAS. Quase sempre as apresentações são feitas para propor soluções a determinados problemas. Este é o alicerce de uma apresentação. Se essa for a situação, tudo deverá girar em torno dos problemas e das soluções. Se, eventualmente, o objetivo for discorrer sobre uma novidade, analise o histórico do assunto até chegar ao momento presente. Ao atender a esses dois pontos, sua apresentação estará pronta.

3 – ESTABELEÇA A ORDEM DA SUA APRESENTAÇÃO. Sua apresentação já está pronta, faltam apenas os detalhes. E um dos mais importantes é saber a sequência lógica da exposição. Vamos a ela:

A – Cumprimente os ouvintes. De maneira geral, utilize "senhoras e senhores" em circunstâncias mais formais e "olá, pessoal" ou "bom dia/boa tarde/boa noite a todos" nas situações mais informais.

B – Faça a introdução. Nada complicado. Inicie agradecendo o convite para fazer a apresentação e explique como a plateia poderá se beneficiar com ela. Faça comentários simples sobre o evento. Pode ser uma referência a uma reunião anterior, aos planos que fizeram no último encontro ou a algum ponto relacionado ao público ou a algum ouvinte importante. Se tiver uma história "na manga" que possa ser associada à ocasião, lance mão dela.

C – Exponha o assunto. Em uma ou duas frases, descreva o assunto que será desenvolvido. Essa tarefa será simples, pois antes de começar a falar você já refletiu sobre esse aspecto da apresentação.

D – Revele o problema. Revele aos ouvintes o problema para o qual pretende oferecer soluções.

E – Apresente a solução. Depois de deixar claro o problema, vem o momento de apresentar a solução. Lembre-se de que, se você fez um histórico, agora vai falar do presente. Cabem aqui os argumentos, como estatísticas, pesquisas e exemplos.

F – Conte uma história. Não é uma obrigação, mas uma boa história relacionada ao assunto, além de servir como ilustração e facilitar o entendimento dos ouvintes, reforça a argumentação e torna a apresentação mais leve e interessante.

G – Refute as objeções. Nem sempre os ouvintes terão objeções, mas, se sentir que existe ou poderá existir algum tipo de resistência, defenda seus argumentos.

H – Conclua. Depois de cumprir todas as etapas, chega o momento de concluir. A maneira mais simples de fazê-lo é pedir aos ouvintes que reflitam ou ajam de acordo com a mensagem.

Parece incrível, mas, com esse roteiro, em poucos minutos você estará pronto para fazer a apresentação.

PARA LER EM MENOS DE UM MINUTO

- Antes de começar a falar, saiba qual é o assunto e o objetivo do evento. Para tanto, descubra o que levou os ouvintes àquela reunião.

- Cumprimente os ouvintes de acordo com a formalidade da circunstância. "Senhoras e senhores", "olá, pessoal" ou "bom dia/boa tarde/boa noite a todos" quase sempre serão suficientes.

- Agradeça o convite para falar ali e explique como a plateia pode se beneficiar com sua apresentação.

- Com apenas uma ou duas frases, descreva o assunto de que vai tratar.

- Esclareça qual é o problema ou faça um histórico, um retrospecto do tema.

- Apresente a solução, se levantou um problema, ou fale do momento atual, se começou fazendo referências ao passado. Aqui vale usar exemplos, estatísticas e pesquisas como reforço de argumentação. Para ilustrar, conte uma história e, se for necessário, refute as objeções.

- Conclua pedindo a reflexão ou a ação dos ouvintes.

3 Você vai falar daqui a pouco

Vamos diminuir um pouco mais seu tempo. Imagine que esteja no olho do furacão e que nem em sonho conte com 29 minutos para se preparar. Suponha que esteja tranquilo participando de um evento e, para sua surpresa, descubra que em seguida será convidado a se dirigir à tribuna e dizer algumas palavras diante da plateia. *Não precisa se desesperar. Em menos tempo do que imagina dá para resolver o problema e se sair bem.*

Veja como é simples se preparar para falar em público quando você já estiver no local da apresentação e contar com apenas alguns minutos para decidir o que dizer à audiência – situação nem tão incomum assim.

São aquelas circunstâncias em que você já foi avisado de que vai usar a palavra diante do grupo, mas precisa aguardar que outras pessoas se apresentem, ou que diversas partes de uma programação sejam cumpridas.

CONCENTRE-SE NO TEMA E NO MOTIVO DO EVENTO. Como você acabou de ver no capítulo anterior, identificar com clareza o motivo do evento e o tema que será abordado é o primeiro e um dos mais importantes passos para planejar bem uma apresentação, qualquer que seja o tempo de que você disponha. Estou sendo repetitivo, mas essa informação é vital para o sucesso de qualquer discurso.

Consciente do tema da reunião e dos motivos que levaram as pessoas àquele local, você terá mais facilidade para encontrar as informações que o ajudarão a planejar em poucos minutos o conteúdo de sua mensagem.

USE AS INFORMAÇÕES QUE JÁ DOMINA. Com apenas alguns minutos para se preparar, não caia na besteira de agir como se estivesse defendendo uma tese e tentar fazer uma conferência sobre o tema de sua apresentação. Não é hora para grandes voos oratórios; ao contrário, nessa circunstância, você precisa manter os pés no chão, cumprir bem seu papel e transmitir uma mensagem simples e objetiva, no menor tempo possível.

Verifique quais as informações que você conhece bem e que, ao menos remotamente, podem ser associadas ao tema do evento. Escolha rápido, pois quanto mais depressa puder organizar as ideias, mais confortável e seguro irá se sentir.

Alguns temas são mais apropriados pelo fato de, em geral, poderem ser facilmente associados à maioria dos assuntos. Por exemplo, suas viagens mais interessantes de negócios ou de lazer, ou os livros e filmes que considera marcantes por terem propiciado momentos de reflexão e aprendizado.

São úteis também os desafios profissionais que determinaram a trajetória de sua carreira, as histórias de vida de pessoas que conheceu, as notícias que esteja acompanhando ou qualquer dado que sirva de preparação e lhe proporcione desenvoltura e desembaraço diante da plateia. Apesar de eu ter dado vários exemplos, para ganhar tempo selecione logo o assunto sobre o qual tenha mais domínio e concentre-se nele para apoiar sua fala.

E aqui vai uma dica importante: habitue-se a manter alguns desses assuntos preparados, como cartas na manga, para utilizá--los da forma mais conveniente de acordo com o tema que precisar abordar.

ENCONTRE A IDEIA DE LIGAÇÃO. A passagem entre o assunto que você escolheu para servir de apoio e o tema da reunião precisa ser feita, de maneira sutil e imperceptível, com o auxílio de uma ideia de ligação.

Depois de selecionar o assunto mais adequado como apoio ao desenvolvimento do tema, identifique a ideia que pode servir como ponte entre um e outro.

Se, por exemplo, o tema da reunião for o estabelecimento de metas para o próximo ano e você resolver escolher como assunto de apoio a trajetória profissional de alguém que conhece muito bem e que é admirado pelo grupo, ou notícias sobre o desemprego no país, o que tem chamado sua atenção nos noticiários de jornais e revistas, uma ideia apropriada para ligá-los poderia ser "desafio".

Dessa forma, depois de descrever a trajetória profissional do colega, ou de falar sobre os planos para superação dos elevados níveis de desemprego, você pode dizer que as etapas profissionais que a pessoa ultrapassou, ou a decisão tomada para solucionar o desemprego, constituem sempre um enorme "desafio" a ser vencido.

E, usando o mesmo termo "desafio", é possível conectar o seu assunto com o tema da reunião. Você pode promover essa passagem dizendo, por exemplo, que o "desafio" que simbolizou a conquista profissional do colega ou os planos implementados para resolver a questão do desemprego são comparáveis ao "desafio" de atingir e superar as metas estabelecidas para o próximo ano.

Dedicação, planejamento e superação seriam outras boas pontes para estabelecer a passagem do assunto para o tema nos casos que mencionei. Escolha qualquer conceito que sirva de transição e indique a interdependência entre eles.

Esse é um momento muito importante no planejamento da apresentação, pois é essa palavra, expressão ou ideia que permitirá estabelecer a associação natural do assunto que você escolheu com o tema da reunião.

Fique atento e observe bem que noções possibilitam essa ligação. Você verá que, em alguns casos, essa progressão será efetuada por uma palavra ou expressão logo no início do assunto. Em outros, somente no fim. E em outros, ainda, em nenhum momento, pois poderá apenas ser deduzida – ou seja, embora a palavra nem seja mencionada, o conceito estará implícito no raciocínio.

FIQUE ATENTO AOS DEMAIS PALESTRANTES E AO ANDAMENTO DA REUNIÃO. Além dos assuntos que você conhece com profundidade e que servem como suporte para o desenvolvimento do tema da reunião, outro recurso bastante útil para ajudá-lo a planejar sua apresentação em pouco tempo é prestar muita atenção tanto no que os demais oradores dizem quanto nos detalhes do evento.

O discurso de cada um dos expositores pode fornecer uma infinidade de subsídios preciosos para você, em poucos minutos, ordenar o pensamento e planejar sua apresentação de maneira interessante e segura.

Anote as frases mais relevantes ditas pelos oradores, aquelas que possam ser associadas às informações que planeja transmitir. Cuidado, porém, para não ficar tentado a escrever palavra por palavra, trechos muito longos ou até o discurso todo.

Dê preferência às frases e aos comentários que tenham provocado reações positivas mais acentuadas na plateia, pois essas informações já estarão, de certa forma, aprovadas por uma espécie de controle de qualidade dos ouvintes.

Lembre-se sempre de que as mesmas regras discutidas há pouco sobre a ideia de ligação deverão ser observadas quando você associar as frases dos outros palestrantes ao assunto principal.

Dessa forma, em pouco tempo você terá condições de deixar uma mensagem adequada à circunstância e poderá projetar uma ótima imagem no ambiente onde tiver de se apresentar.

PARA LER EM MENOS DE UM MINUTO

Siga o roteiro abaixo se for convidado, de surpresa, a falar quando já estiver no local do evento:

- Identifique o tema e o motivo da reunião. Saiba por que as pessoas estão naquele local.
- Para iniciar seu discurso, escolha um assunto que domine. Você pode falar de sua atividade profissional, fazer referência a determinada passagem de um livro ou à cena de um filme que considera marcante, comentar sobre uma viagem, um fato que tenha presenciado ou uma notícia que esteja acompanhando.
- Associe esse assunto que conhece bem ao tema principal a ser desenvolvido. Para isso, use uma ideia de ligação. Por exemplo: "desafio", "superação", "dificuldade", etc.
- Preste atenção nas palavras dos outros palestrantes e faça anotações. Inclua essas informações na sua fala. Lance mão de ideias de ligação também nesse caso para fazer associações com o tema principal.

4 Cinco passos para ter sucesso na comunicação

Antes de especificar os cinco passos para torná-lo bem-sucedido na arte de falar, quero comentar como cheguei a essa conclusão e mostrar por que você pode seguir as sugestões com segurança. Se, no entanto, você tiver pouco tempo, vá diretamente ao primeiro passo, na página seguinte.

É evidente que esta síntese se baseou principalmente nas mais de três décadas de dedicação ao ensino da expressão verbal. Com essa intensa atividade, pude constatar o que efetivamente dá resultado na comunicação oral.

Entretanto, além da experiência acumulada ao longo de todos esses anos proferindo palestras, ministrando aulas, preparando executivos, profissionais liberais e políticos para falar com segurança e desembaraço, também contribuíram para a seleção destes cinco passos as pesquisas que realizei para minha dissertação de mestrado.

Em meu estudo acadêmico tratei de um tema pelo qual sempre me interessei muito: a emoção. O próprio título do trabalho já identifica a essência do seu conteúdo: *A influência da emoção do orador no processo de conquista dos ouvintes.*

Para verificar se a emoção do orador tem mesmo influência no processo de conquista dos ouvintes, precisei comparar esse aspecto da comunicação com outros que imaginei serem relevantes na arte de falar, como voz, vocabulário, expressão corporal, conteúdo, entre outros.

Em uma gravação de vídeo, analisei vinte pessoas que venceram concursos de oratória. Comparei todas as apresentações para identificar quais aspectos foram importantes no resultado de cada uma.

Posso antecipar que a conclusão da pesquisa confirmou que a emoção do orador tem influência determinante no processo de conquista dos ouvintes.

Entretanto, há outros fatores igualmente fundamentais para o sucesso da comunicação. São eles:

PRIMEIRO PASSO: O CONTEÚDO

De todos os atributos da comunicação, o mais importante para você influenciar os ouvintes é o conteúdo. Todas as pessoas que venceram os concursos de oratória demonstraram preparo e domínio do tema, o que inclui uma linha lógica de raciocínio com começo, meio e fim.

Assim, nunca se apresente com conhecimento superficial a respeito do assunto. Estude, pesquise, consulte. Saiba sempre muito mais do que precisará para o momento. Essa "sobra" de informações lhe dará segurança e credibilidade.

SEGUNDO PASSO: A EMOÇÃO

Não basta apenas conhecer a matéria que irá expor. Para ser bem-sucedido, você precisa falar sempre com energia, disposição e entusiasmo; ou seja, com emoção.

Se não demonstrar interesse e animação para falar sobre um assunto, não poderá desejar que os ouvintes se envolvam e se interessem pelo tema que você está apresentando.

Por isso, esteja consciente de que, antes de despertar interesse e envolver as pessoas, você deverá estar interessado e envolvido pela causa que abraçou e pela mensagem que transmite.

TERCEIRO PASSO: A VOZ

Nem todos os oradores que venceram os concursos tinham uma voz considerada bonita pelos padrões, mas todos, sem exceção, demonstraram personalidade na maneira de se expressar.

Fale sempre com firmeza e demonstre personalidade. Sem agredir os ouvintes, lógico, fale em um volume um pouco acima do que seria suficiente para que pudessem ouvi-lo.

Esse volume adicional demonstra de forma mais evidente sua disposição, seu envolvimento e seu interesse pelo tema da exposição. Lembre-se também de alternar o volume da voz e a velocidade da fala para construir um ritmo agradável e atraente.

QUARTO PASSO: OS OUVINTES

Falar em público não é o mesmo que realizar uma representação teatral. O conteúdo da mensagem e a forma como você se expressa devem sempre levar em conta os ouvintes. Tudo precisa ser feito pensando nas características e nas aspirações da plateia.

O volume da voz, o tipo de vocabulário, a proporção e a extensão dos gestos, enfim, todos os aspectos da comunicação precisam atuar em harmonia para conquistar os ouvintes. Nas apresentações que analisei, venceram os oradores que tiveram essa preocupação com o público.

Antes de se apresentar, dedique-se a esta reflexão: quem são os ouvintes e como devo me comportar para que a mensagem chegue de maneira interessante a eles?

QUINTO PASSO: A NATURALIDADE

Esse é um aspecto fundamental. O conhecimento, a emoção, a voz e a atenção aos ouvintes são atributos que devem ser combinados de forma harmoniosa e natural. Quanto mais espontânea for sua maneira de se comunicar, mais confiança sentirá e mais respeito e admiração terá do público.

Atenção! Se sua comunicação apresentar erros técnicos mas preservar a naturalidade poderá conquistar credibilidade. Entretanto, dificilmente acreditarão em suas palavras se você for artificial.

PARA LER EM MENOS DE UM MINUTO

- Conheça o assunto e demonstre domínio do tema a ser apresentado. Quanto mais conhecimento tiver sobre a matéria que irá expor, maiores serão sua segurança e sua desenvoltura.
- Ordene bem o raciocínio: tenha uma linha lógica com começo, meio e fim.
- Fale com envolvimento e emoção. Se não demonstrar interesse pelo que fala, não poderá envolver e interessar os ouvintes.
- Tenha personalidade na voz e na maneira de se expressar. Procure falar sempre um pouco mais alto do que seria suficiente para que as pessoas o ouvissem.
- Aprenda o máximo que puder sobre os ouvintes e adapte a mensagem de acordo com as características deles.
- Seja natural e espontâneo.

5 Dicas para criar e elaborar apresentações

Se você for convidado a falar em público e ficar inseguro para montar sua apresentação, saiba que isso ocorre até com oradores experientes. Siga o roteiro proposto e constate como é simples elaborar apresentações em pouco tempo. Estas sugestões são cruciais, sobretudo para quem só conta com 29 minutos de preparação. As mesmas recomendações valem para a redação de textos.

1 – CONCENTRE-SE PARA CRIAR. O momento da criação é a fase mais delicada de todo o processo; é quando você precisa refletir bem para eleger o assunto que irá expor. Seu bom desempenho diante da plateia depende disso.

2 – DETERMINE O TEMA E SEUS OBJETIVOS. Para uma boa atuação diante do público, antes você precisa determinar de forma clara o assunto que irá apresentar e os objetivos pretendidos. Além da criatividade, você poderá se valer de métodos simples para se disciplinar e cumprir esta etapa.

3 – FALE SOBRE UM ASSUNTO QUE DOMINE. Facilite a sua vida. Para se sentir confortável durante a apresentação, escolha um tema que você domine. Quanto mais conhecer o assunto, mais seguro e confiante estará diante dos ouvintes. Essa recomendação é tão relevante que já a repeti algumas vezes.

4 – DELIMITE O TEMA. De maneira geral, como os assuntos são bastante abrangentes, você deve se restringir a alguns aspectos. Por exemplo, uma exposição sobre o mercado financeiro é muito genérica, uma vez que esse assunto se compõe de diversos subtemas. Nesse caso, selecione aqueles com os quais esteja mais familiarizado – como os tipos de financiamento disponíveis ou a evolução das taxas de juros no mercado internacional – e se mantenha atento para que não haja inconvenientes em relação às características do evento. A delimitação do tema deve ser adequada à sua experiência e ao tempo da apresentação e da pesquisa que você terá de fazer.

5 – ASSOCIE-O AO QUE CONHEÇA BEM. Além de optar pelo aspecto do tema que você domina, procure também desenvolver o assunto fazendo associações com histórias e exemplos que conheça muito bem e que guardem relação direta ou indireta com o objetivo da apresentação.

Vamos voltar ao exemplo da dica anterior: se você decidisse tratar dos diferentes tipos de financiamento e soubesse como constituir uma empresa, poderia contar a história de determinada companhia que iniciou suas atividades graças a um tipo específico de financiamento. Nesse caso, discorreria sobre as diversas etapas de abertura de uma empresa, que é o assunto que você domina, e depois faria a ligação com os tipos de financiamento disponíveis no mercado, relatando o exemplo de uma organização que pôde ser viabilizada por ter escolhido corretamente o empréstimo de que necessitava.

6 – ESCOLHA UM ASSUNTO APROPRIADO À CIRCUNSTÂNCIA. De nada adianta falar de um aspecto do tema que você domina se ele não vai ao encontro das expectativas da plateia. Por isso, não se esqueça: o público espera que você desenvolva temas do interesse dele, apropriados ao contexto e à circunstância da apresentação.

7 – SEJA CUIDADOSO NA PESQUISA. Verifique quem são os ouvintes, qual é a formação intelectual predominante do grupo, se houve algum critério para que as pessoas fossem convidadas, que assunto foi prometido a elas e que informações já têm sobre o tema.

Normalmente, com pequenas modificações no assunto que você conhece bem, é possível atender à expectativa dos participantes. Com um exemplo apropriado, uma ilustração ou uma metáfora bem empregada, talvez você leve o tema bem próximo ao que eles desejam ouvir.

8 – TOME CUIDADOS ESPECIAIS. Ao definir o assunto que irá apresentar, alguns cuidados importantes devem ser tomados, como, por exemplo, revestir com uma roupagem nova e atraente informações consideradas ultrapassadas e que talvez já se mostrem desinteressantes. Não há nada mais desestimulante que o "cheiro de naftalina" em uma apresentação.

9 – INOVE. Nenhum assunto, por mais antigo e comentado que seja, deve ser descartado. Se você encontrar um bom ângulo de análise, ele parecerá novo, soará como uma mensagem inédita para a plateia. Assim, procure desenvolver aspectos inusitados do tema para o público, pois, ao sair do lugar-comum e se afastar da mesmice, conquistará mais facilmente a atenção dos ouvintes.

10 – FALE DO QUE MAIS GOSTA. Não abra mão do que vou sugerir agora: se tiver possibilidade de interferir na escolha da matéria a ser apresentada, fale sobre aquilo de que você mais gosta. É quase certo que, ao discorrer sobre o que lhe dá prazer, seu desempenho encante a plateia, pois você demonstrará envolvimento, disposição, energia e vontade de falar com os ouvintes. Isso tornará sua mensagem única, especial, particular.

PARA LER EM MENOS DE UM MINUTO

- Dedique-se ao momento da criação. Pense nos possíveis temas que pode abordar.
- Escolha o tema e determine de maneira clara os objetivos que pretende atingir.
- Discorra sobre assuntos que conheça bem e que lhe deem prazer. Quanto mais envolvido estiver com o assunto, mais facilidade terá de falar sobre ele.
- Delimite o assunto aos aspectos que possam ser estudados e desenvolvidos dentro do tempo disponível para a pesquisa e a apresentação.
- Qualquer que seja o tópico, adapte-o sempre ao interesse e às expectativas dos ouvintes. Pequenos ajustes ou ilustrações podem ajudar.
- Torne sua apresentação atraente. Se o tema já estiver meio desgastado pelo tempo ou por excesso de uso, adorne-o com uma roupagem mais interessante.

6 Organize sua mensagem rapidamente

Você tem um tema para desenvolver e não sabe por onde começar. O cursor pisca na tela, mas suas ideias não aparecem. Essa é uma situação comum: ocorre todos os dias com várias pessoas dentro ou fora da vida corporativa. Para quem tem só 29 minutos para organizar a mensagem, cada segundo é muito tempo perdido. Veja algumas dicas simples para planejar suas apresentações de forma rápida e eficiente.

ORDENE O ASSUNTO NO TEMPO. A ordenação no tempo é um método simples e prático que pode ser aplicado em quase todos os casos. Talvez você consiga organizar rapidamente a sua apresentação apenas com este método. Só por sua denominação já dá para deduzir tratar-se de um recurso que mostra como as informações se apresentaram no passado, como se manifestam no presente e como se comportarão no futuro.

Além de ser excelente para organizar o pensamento e concatenar as ideias, esse método produz grande interesse nos ouvintes, por revelar gradativamente as novidades. À medida que as diversas informações são mostradas, cresce a expectativa da plateia, que fica curiosa para saber como os fatos se sucederão.

Para facilitar ainda mais a organização da mensagem, ao mencionar o fato ocorrido em determinado tempo, procure analisá-lo no contexto social, econômico e político da época. Você poderá ainda mencionar alguma experiência pessoal relacionada a quaisquer dos períodos citados. Essas informações despertam interesse e conferem naturalidade à apresentação.

ORDENE O ASSUNTO NO ESPAÇO. O método da ordenação no espaço também é bastante simples e pode ser aplicado em quase todas as circunstâncias. Esse recurso de organização da mensagem é muito útil porque, além de permitir a divisão do assunto, possibilita a abordagem dos aspectos que cercam o local mencionado, como práticas religiosas, costumes sociais, atividades políticas, etc.

Se, por exemplo, seu tema for desenvolvimento industrial, você poderá mostrar como essa questão é tratada pelos americanos, pelos europeus, pelos asiáticos e pelos brasileiros. Ao falar sobre essas regiões, é possível analisar as características de cada uma e associá-las ao método da ordenação no tempo, o que produz ótimos resultados.

MOSTRE OS PROBLEMAS E SUAS SOLUÇÕES. O método da solução dos problemas pode ajudá-lo a sistematizar os dados, permitindo que você identifique as situações adversas, analise a solução sugerida e em seguida comente as consequências.

É importante considerar bem todos os ângulos do tema que irá expor, pois o que hoje pode parecer muito óbvio talvez em outra época tenha se constituído um grave problema. Assim, ao relatar o problema existente em ocasiões passadas, facilite o entendimento da questão atual fazendo um retrospecto, um histórico de como a questão se desenvolveu ao longo do tempo. Esse recurso pode criar um interesse adicional nos ouvintes.

Esses métodos podem ser usados separadamente ou associados. Desde que o uso dos recursos o ajude a planejar a sequência da mensagem e facilite a compreensão dos ouvintes, você tem toda a liberdade para se valer deles da forma que julgar mais conveniente. Sem contar que podem ajudá-lo a organizar sua mensagem em cima da hora.

PARA LER EM MENOS DE UM MINUTO

- Organize a mensagem pensando sempre em facilitar o entendimento dos ouvintes.
- O melhor método é aquele que permite a você usar mais seus conhecimentos.
- Os ouvintes devem achar as informações interessantes.
- Use marcos temporais para ajudar a estabelecer o contexto. Por exemplo, como as pessoas se dirigiam ao local de trabalho nos anos 1950, qual o meio de transporte que passaram a usar nos anos 1970 e 2000, qual utilizam nos dias de hoje e o que utilizarão no futuro.
- Use também marcos espaciais. Fale sobre como o tema se aplica nas diferentes regiões. Por exemplo, como é a educação na América do Norte, na Europa, na Ásia e na América do Sul.
- Aborde o tema considerando os problemas que o constituem e as soluções que poderão ser oferecidas.
- Associe vários métodos para planejar a apresentação e organizar o raciocínio.

7 A melhor técnica para falar em público

A melhor técnica para falar em público é aquela com a qual você se sente mais à vontade. Há oradores que preferem se apoiar em anotações. Outros se sentem mais livres quando memorizam alguns tópicos. E não são poucos os que gostam de decorar os discursos. Para escolher a técnica mais adequada ao seu estilo, às suas necessidades e à circunstância da apresentação, não é preciso muito tempo, basta você ler este capítulo.

Quem poderia criticar um orador que decora o texto mas se sai bem em suas apresentações? Embora eu desaconselhe esse recurso, devo reconhecer que certos oradores o utilizam com admirável competência. Memorizam com facilidade, são hábeis na interpretação e contornam bem os inesperados lapsos de memória.

Não se nota neles aquele brilho vidrado nos olhos, próprio de quem decora o que vai dizer. Mesmo com a fala gravada na memória, conseguem aproveitar fatos do ambiente e os incluem em seu discurso como se toda a mensagem nascesse ali, diante do público.

Alguns se dão bem no outro extremo. Levam consigo o texto completo, como se fossem ler a mensagem. Na frente da plateia, no entanto, apenas batem os olhos para pinçar uma informação aqui, outra ali, e se certificar de que obedecem à sequência que planejaram.

Um cuidado deve ser observado: adequação à circunstância. Não seria apropriado, por exemplo, o filho ler a homenagem à mãe no dia do aniversário dela. Nessa situação, seria mais apropriado um discurso curto, sem anotações, com informações da própria experiência familiar.

Da mesma forma, seria desaconselhável o discurso de improviso em ocasiões que exigem correção rigorosa das informações. Se a mensagem tiver grande quantidade de cifras e datas, só a leitura ou, no mínimo, algumas anotações ajudariam a cumprir bem a tarefa.

Se você for convidado a proferir uma palestra sobre temas de sua especialidade, evite o excesso de anotações, que pode demonstrar insegurança ou despreparo. Uma ou outra ficha com lembretes para as emergências e alguns recursos visuais são suficientes.

Se, entretanto, o assunto for de sua especialidade mas você tiver de montar uma apresentação nova, não hesite em levar as anotações para a tribuna. Com um bom treino, ficará tão familiarizado com a sequência das informações que, ao bater os olhos na anotação, já saberá o que dizer.

Independentemente do domínio que tenha sobre o assunto e da técnica que resolva utilizar, nunca deixe de se preparar. Treine o máximo que puder. Esse exercício será útil não apenas para aquela determinada apresentação, mas também para o desenvolvimento da sua comunicação. Quanto mais praticar, melhor orador você se tornará. E se estiver com pressa, faça o treino no tempo que tiver à disposição.

PARA LER EM MENOS DE UM MINUTO

- Experimente todas as técnicas que puder e escolha a que julgar mais conveniente.

- Olhe para as anotações como se estivesse pensando, sem se precipitar.
- Leia a frase e depois comente, amplie, discorra. Ao terminar o comentário, leia a frase seguinte e faça outras observações e considerações. Você se sentirá seguro com o apoio das anotações e livre para desenvolver o raciocínio diante dos ouvintes.
- Procure segurar as folhas com anotações na altura da cintura.
- Mesmo que decorar a fala seja considerada a pior de todas as técnicas de apresentação, se você tiver facilidade para memorizar, capacidade de interpretação e jogo de cintura para contornar algum esquecimento, não haverá qualquer problema em recorrer a esse artifício.
- Recursos visuais na medida certa também podem servir de apoio.

8 Na hora de expor e aprovar uma proposta

Se tiver de apresentar uma proposta na reunião da empresa ou em uma negociação com clientes ou fornecedores, além dos argumentos que terá à disposição para apoiar sua causa, você precisará se preparar para afastar as resistências dos ouvintes. Estes são alguns pontos que podem tornar sua apresentação vitoriosa.

1 – OS GRUPOS SÃO DIFERENTES. Você não deve preparar uma apresentação e utilizá-la em diferentes ocasiões como se a plateia fosse sempre a mesma. Se agir assim, provavelmente facilitará as defesas dos ouvintes e, como consequência, diminuirá as chances de conquistar os objetivos desejados.

2 – CONHEÇA OS OUVINTES. Para neutralizar a resistência dos ouvintes, o primeiro passo, portanto, é identificar as características do público. É importante saber o nível intelectual predominante do grupo e o conhecimento que as pessoas têm sobre o tema. Você poderá obter essas informações com quem organizou a reunião ou o evento ou em uma conversa preliminar com os próprios participantes.

3 – TESTE ESPECIAL. Se, por acaso, você não puder obter essas informações com antecedência, logo no início da apresentação faça observações sutis e avalie a reação das pessoas. Se a reação

for rápida, provavelmente elas possuem formação e conhecimento. Se você perceber uma reação mais lenta, prepare-se para baixar o nível das informações. Essa percepção poderá ser utilizada no momento de emergência, mas ficará mais aguçada à medida que você tiver mais experiência em falar em público.

4 – ESTABELEÇA A PROFUNDIDADE DO TEMA. Depois de identificar o nível intelectual do público e o conhecimento que as pessoas têm a respeito do assunto, você pode adaptar a mensagem. Essa adequação é importante porque, se as informações estiverem muito acima ou abaixo da capacidade de compreensão dos ouvintes, naturalmente eles perderão o interesse pela exposição.

5 – NÃO CONFUNDA O TIPO DE RESISTÊNCIA. Algumas pessoas se enganam quando avaliam o tipo de resistência do grupo. Pensam que a resistência é com relação a elas, quando, na verdade, está associada ao assunto. Para tirar essa dúvida, basta refletir: "Se eu mudar minha maneira de pensar, o público continuará resistente?" Se a resposta for não, ficará evidente que a resistência não está relacionada a você.

6 – CONCORDE COM OS PONTOS COMUNS. Se, no grupo, houver pessoas que discordam da sua forma de pensar, não dê sua opinião sobre o assunto logo no início, pois essa atitude pode acentuar ainda mais a resistência já existente. Comece abordando pontos comuns, convergentes, para dar a impressão de que a opinião talvez seja a mesma. Procure levantar essas informações com a maior antecedência possível.

7 – DEMONSTRE CONHECIMENTO. Se os ouvintes não confiarem muito no conhecimento que você tem sobre o tema que irá abordar, comece a apresentação revelando com sutileza sua experiên-

cia. Dentro do contexto da exposição, fale sobre trabalhos que desenvolveu, projetos que idealizou, tarefas que comandou. Ao constatarem que você possui experiência de fato, o grupo vai se desarmar. Não se esqueça, entretanto, de ser sempre sutil; caso contrário, poderá ser visto como prepotente.

8 – TRANQUILIZE OS OUVINTES. Se as pessoas estiverem cansadas, com pressa, desconfortáveis ou se sentindo pressionadas por terem de permanecer no local da sua apresentação, procure tranquilizá--las dizendo que não irá demorar. A promessa de brevidade é mágica para afastar esse tipo de resistência.

9 – TRABALHE NOS BASTIDORES. Não seja ingênuo imaginando que terá sucesso na apresentação de uma proposta apenas porque seu desempenho será bom diante do grupo. As resistências mais fortes devem ser tratadas e afastadas com antecedência no trabalho de bastidores, negociando pessoalmente os pontos divergentes. Por isso, amanse as feras antes de entrar na arena. Procedendo assim, você estará em condições de aproveitar bem melhor o tempo de que dispõe.

10 – LEVE O QUE TIVER DE MELHOR. Durante a fase de preparação da sua fala, selecione apenas os argumentos sólidos, consistentes, que tenham sustentação. Afaste qualquer informação que possa ser contestada com facilidade. Se você incluir um argumento frágil na sua tese, os opositores poderão destruí-lo no final e alegar que, como houve engano nessa parte da exposição, provavelmente os deslizes ocorreram também com os outros argumentos. Principalmente quando tiver pouco tempo de preparação, para aproveitar bem os 29 minutos, só inclua os melhores argumentos de que puder lançar mão.

PARA LER EM MENOS DE UM MINUTO

- Antes de apresentar uma proposta, converse pessoalmente "nos bastidores" com os envolvidos na avaliação dela. Assim, será mais fácil afastar as possíveis resistências.
- Os ouvintes apresentam características peculiares. Procure descobrir a faixa etária, o nível intelectual e o conhecimento que possuem sobre o assunto. Dessa forma, será mais simples adequar a mensagem ao interesse e às características das pessoas.
- Avalie se há resistência dos ouvintes. Se ela for em relação a você, mostre conhecimento e autoridade. Se for relacionada ao assunto, inicie tocando nos pontos com os quais o público concorda. Se o problema for o ambiente, prometa ser breve na exposição.
- Não use um argumento polêmico para apoiar outro argumento polêmico.

9 Como enfrentar o medo de falar em público

Se você é um profissional que de vez em quando precisa falar em público – seja em reuniões dentro da empresa, seja em ambientes externos quando em contato com clientes, fornecedores, investidores ou sindicalistas – e não se sente confortável diante da plateia, aprenda, em pouco tempo, como contornar esses instantes difíceis.

Vamos imaginar uma situação quase desesperadora: você está na reunião da empresa aguardando o momento de falar. Percebe que o coração se acelera, as mãos começam a suar e ficam geladas, a respiração perde o compasso natural, a voz enrosca na garganta, as borboletas voam no estômago, as pernas tremem e os pensamentos, que eram tão brilhantes, desaparecem.

Estes são alguns dos sintomas que aterrorizam vários profissionais no momento de apresentar ideias, projetos e propostas diante de gerentes, diretores e conselheiros da empresa. E são essas as melhores oportunidades para você revelar suas habilidades, competências e realizações. Se não se sair bem, provavelmente perderá a chance de mostrar seu valor profissional. Dentro do tempo curto de que dispõe, veja como é possível se sentir mais confortável nesse tipo de situação. Se já estiver com o coração saindo pela boca e sem tempo para ler o texto todo, vá direto para o resumo no final do capítulo.

1 – O INÍCIO É O MOMENTO MAIS DIFÍCIL DA APRESENTAÇÃO. A adrenalina acabou de ser liberada e você está tentando encontrar o melhor local para se posicionar e até ouvir o som da própria voz. Por isso, não deixe para descobrir quais serão suas primeiras palavras quando já estiver na frente da plateia. Saiba como irá começar. No mínimo, tenha em mente as primeiras frases, ainda que sejam proferidas com outras palavras.

2 – SE VOCÊ TEM RECEIO DE ESQUECER A SEQUÊNCIA DA EXPOSIÇÃO, NÃO SE PRESSIONE TENTANDO LEMBRAR DAS ETAPAS QUE IRÁ CUMPRIR. Falar em público não é teste de memória. Leve um roteiro com os tópicos mais importantes na ordem que pretende seguir. Provavelmente nem precisará se valer desse apoio, mas se sentirá mais seguro com ele.

3 – QUANDO ESTÃO NERVOSAS, AS PESSOAS FICAM COM AS MÃOS TRÊMULAS. Nas situações em que precisam ler, elas sentem pavor só de pensar que os ouvintes podem perceber o papel tremendo. Por isso, ficam ainda mais nervosas. E, por ficarem nervosas, tremem. Quebre este círculo vicioso levando em um papel bem encorpado o texto a ser lido. Com algumas folhas grossas na mão, se você tremer um pouco, a plateia não vai perceber. Sabendo disso você ficará mais tranquilo.

Mesmo que não tenha de ler, se as mãos estiverem trêmulas, disfarce. Não deixe os ouvintes perceberem esse seu desconforto. Apoie as mãos na mesa, na haste do microfone ou no espaldar da cadeira. À medida que se sentir mais confiante, solte uma das mãos. Se perceber que ainda está tremendo, volte à posição de apoio. Só gesticule quando puder demonstrar controle e segurança.

Falar em pé torna a apresentação mais eficiente, pois você terá maior domínio e controle dos ouvintes. Isso não se aplica, porém, quando você estiver muito nervoso. Assim, se o nervosismo for muito intenso, prefira falar sentado. A cadeira lhe dará uma boa sustentação e a mesa será uma base de apoio para os braços e mãos e um local seguro para trabalhar com suas anotações. São muito raras as situações em que será obrigado a falar em pé.

4 – NÃO SE PRECIPITE. Não chegue falando diante do público para se livrar logo da obrigação. Você precisa ganhar tempo para se acalmar e queimar o excesso de adrenalina. Pequenas atividades como acertar a altura do microfone, beber alguns goles de água, ajeitar as folhas que utilizará como apoio e olhar para a plateia poderão dar os segundos de que precisa para ter um pouco mais de controle. A fim de não deixar transparecer o desconforto e a instabilidade emocional, comece falando mais devagar e com volume de voz mais baixo.

5 – AINDA PARA GANHAR MAIS TEMPO NOS DIFÍCEIS MOMENTOS INICIAIS, SE A REUNIÃO CONTAR COM UMA MESA DIRETORA, CUMPRIMENTE COM CALMA CADA UM DOS MEMBROS À MESA. Se um deles for conhecido, aproveite a oportunidade para fazer um breve comentário sobre ele. Mesmo que saiba o nome de todos, não deixe de anotá-los em uma folha. São detalhes que aumentam a confiança, pois todos estamos sujeitos a lapsos de memória.

6 – NÃO É UMA BOA ESTRATÉGIA, MOMENTOS ANTES DE SUA APRESENTAÇÃO, TENTAR SE LEMBRAR DE TODOS OS DETALHES DO QUE PRETENDE DIZER. Agindo assim, você colocará ainda mais pressão sobre si. Por isso, procure se distrair prestando atenção no que as pessoas estão dizendo e nos fatos à sua volta.

7 – EM TODO LUGAR EXISTE GENTE CHATA. Essa turma é um veneno para a tranquilidade. Fuja das conversas que podem aborrecê-lo e procure ficar ao lado de pessoas mais simpáticas.

8 – NÃO FAÇA DA SUA APRESENTAÇÃO ORAL UMA NOVIDADE PARA SI MESMO. Antes de enfrentar a plateia, converse com os colegas de trabalho ou com amigos e familiares sobre o assunto que irá expor. Além de verbalizar o que deseja transmitir, você poderá treinar respostas para possíveis perguntas e objeções. Vai se sentir mais seguro sabendo como agir se for questionado pelos ouvintes.

9 – NINGUÉM ESTÁ LIVRE DE ENFRENTAR UM BRANCO DURANTE UMA APRESENTAÇÃO. Caso ocorra com você, não se desespere. Embora não seja fácil, tente manter a calma. Se conseguir, suas chances de sucesso aumentarão. Como primeira tentativa para retomar a fala, repita a última frase que pronunciou, como se desejasse dar mais ênfase àquela informação. Se não der certo, diga: "Na verdade o que eu quero dizer é..." Geralmente funciona, pois você se obrigará a recontar a mensagem por outro caminho. Se não adiantar, diga aos ouvintes que voltará àquele ponto mais tarde.

10 – SE SEGUIR ESSAS RECOMENDAÇÕES, VOCÊ IRÁ SE SENTIR MAIS SEGURO JÁ NOS PRIMEIROS MOMENTOS DIANTE DO PÚBLICO. Elas melhoram a situação de quem precisa se sair bem na última hora. Saiba, entretanto, que nada substitui uma boa preparação. Por isso, se tiver condições, prepare-se com o máximo de antecedência que puder.

PARA LER EM MENOS DE UM MINUTO

- Como os primeiros momentos da apresentação são os mais difíceis, saiba o que dizer no início.
- Leve um roteiro escrito como apoio. Mesmo que não sejam utilizadas, as anotações deixarão você mais seguro.

- Para que o tremor das mãos não seja percebido pelos ouvintes, imprima seu discurso em uma folha mais encorpada.
- Não tenha pressa para começar. Inicie falando devagar e com volume de voz mais baixo até se sentir mais confiante.
- Se estiver muito nervoso, no princípio apoie as mãos na mesa ou no encosto da cadeira.
- Converse com colegas de trabalho ou amigos sobre o que pretende apresentar.
- Prepare-se durante o máximo de tempo possível.

10 Três defeitos na comunicação dos profissionais

Como já disse, há décadas preparo profissionais para falarem em público com segurança e eficiência. Independentemente do tipo de treinamento a que sejam submetidos – cursos em grupos, abertos ou *in company*, ou programas individuais –, os problemas que apresentam na comunicação costumam ser semelhantes.

Para que você aproveite bem seus 29 minutos, vou tratar de três problemas que aparecem com mais frequência. Não são as únicas dificuldades apresentadas na comunicação verbal, mas são os defeitos mais evidenciados e que trazem maior prejuízo ao resultado das exposições orais.

FALTA DE ORDENAÇÃO LÓGICA DO RACIOCÍNIO. Esse é, sem dúvida, o maior problema apresentado pelas pessoas quando falam em público. Muitas não sabem concatenar e estruturar o pensamento e perdem a sequência lógica do discurso.

É comum observar profissionais, até com alguma experiência de tribuna, sem a mínima noção de como iniciar, desenvolver e concluir uma apresentação. Alguns, afoitos, não preparam de forma conveniente a introdução, não se preocupam em conquistar os ouvintes e entram diretamente no tema central.

Não são poucos aqueles que pulam de uma etapa para outra sem qualquer planejamento. No momento de finalizar, voltam à introdução, em seguida repetem os argumentos que já haviam sido detalhadamente expostos, tornando-os frágeis pelo excesso de repetição. Por isso, tenha o cuidado de organizar com bastante critério tudo o que pretende transmitir. Dedique-se à leitura do Capítulo 5, "Dicas para criar e elaborar apresentações".

MEDO DE FALAR EM PÚBLICO. O medo desencadeia incontáveis problemas e prejudica a eficiência da comunicação. Quando o profissional é tomado pelo medo, não consegue adequar o volume da voz ao ambiente em que se apresenta. Perde a naturalidade. Reage de maneira agressiva. Fica com o raciocínio truncado. Fala rápido ou devagar demais. Enfim, revela desconforto e se mostra incompetente para falar em público.

Praticamente todos os executivos que me procuram revelam estarem insatisfeitos com o desconforto que sentem ao se dirigirem a uma plateia. Dizem que é um sentimento que não combina com a experiência e a posição que ocupam.

Dedique-se à leitura do Capítulo 9, "Como enfrentar o medo de falar em público".

DESCONTROLE DA EXPRESSÃO CORPORAL. Anthony Giddens, destacado como o mais importante filósofo social inglês dos tempos atuais, afirma na obra *Modernidade e identidade* que "Aprender a tornar-se um agente competente – capaz de se juntar aos outros em bases iguais na produção e reprodução de relações sociais – é ser capaz de exercer um monitoramento contínuo e bem-sucedido da face e do corpo".

É possível deduzir, por essa afirmação, que, para você se sentir competente, precisa manter o domínio sobre o corpo em todas as situações sociais. Além disso, Giddens também afirma que "ser um agente competente significa não só manter tal controle contínuo, mas fazer com que isso seja percebido pelos outros quando você o faz".

São dois os motivos relevantes para você aprender a usar a postura, a gesticulação e a comunicação facial de maneira correta e segura. O primeiro é que, monitorando sempre o seu corpo, você vai se sentir no domínio das ações e mostrar-se competente e confiante. Será uma espécie de porto seguro que lhe dará tranquilidade e confiança. O segundo é que esse domínio é percebido pelos outros.

Se, por acaso, a primeira condição não puder ser atendida, ou seja, você não conseguir manter o controle do corpo, perderá sua proteção, e sua confiança básica será ameaçada. Consequentemente, a segunda condição será afetada, pois os outros perceberão esse descontrole e poderão desconfiar da sua competência. Dedique-se à leitura do Capítulo 11, "Evite gestos errados ao falar".

PARA LER EM MENOS DE UM MINUTO

- Foram indicados vários capítulos neste texto. Quando puder, leia com atenção cada um deles. São os aspectos da comunicação que mais apresentam dificuldade para quem fala em público.
- Comece, imediatamente, a combater o medo de falar em público. Ele pode ser vencido. Para enfrentá-lo, conheça o assunto com profundidade e organize bem o raciocínio, com começo, meio e fim. Pratique bastante para ter experiência no uso da palavra em público – aproveite todas as oportunidades para falar nas reuniões da empresa, em sala de aula, fazendo perguntas nas palestras de que participar como ou-

vinte. Aprenda a identificar seus aspectos positivos de comunicação, descobrindo o que sabe fazer bem e quais são seus pontos fortes.
- Aprenda a dominar o corpo diante da plateia, mantendo a postura e a gesticulação, como você já faz no dia a dia.

11 Evite gestos errados ao falar

Usei o termo "errados" no título de propósito, com a intenção de, em seguida, alterar para o adjetivo "desaconselháveis", porque não existe nada tão errado em comunicação que não possa ser feito em certas circunstâncias.

É comum ouvir as pessoas censurando o comportamento de alguns oradores como se houvessem cometido o pior de todos os erros: "Polito, assisti a uma palestra com um consultor que não sabia se apresentar. Virava e mexia ele punha a mão no bolso!"

Em alguns casos relatados, eu até conhecia o palestrante alvo da crítica e sabia que ele era muito bom comunicador. Como, entretanto, alguns aprendem regrinhas de conduta e se moldam totalmente a elas, caem no exagero de achar que qualquer comportamento fora do padrão determinado constitui erro.

Por isso, nada de levar as regras ao pé da letra. Saiba que, embora algumas atitudes sejam desaconselháveis, em certas situações, dependendo do ambiente e das características de quem as utiliza, elas poderão até ser recomendáveis.

Considerando essa relatividade das regras, de maneira geral não fale com as mãos nos bolsos ou nas costas, com os braços cruzados ou apoiados por muito tempo na mesa, na tribuna ou na haste do microfone. Evite gesticular com as mãos abaixo da cintura ou acima da cabeça.

Tome cuidado com a postura. Às vezes podemos nos sentir

intimidados com o tipo de público que iremos enfrentar e acabamos nos apresentando com a cabeça baixa, o corpo curvado, demonstrando excesso de humildade e atitude perdedora, de alguém fracassado.

Por outro lado, corremos o risco de subestimar os ouvintes e, quando isso ocorre, nos apresentamos com a cabeça levantada, olhando por cima da plateia, com uma atitude que talvez transmita arrogância e prepotência.

Outro comportamento que pode comprometer a qualidade da apresentação é o fato de o orador se movimentar diante do público, de um lado para outro, sem objetivo, de maneira desordenada.

Ao se posicionar, procure não ficar apoiado apenas sobre uma das pernas, muito menos trocar com frequência a posição de apoio, ficando ora sobre uma, ora sobre outra.

Não abra ou feche demasiadamente as pernas, pois a primeira posição poderá tirar sua elegância e a última prejudicar seu equilíbrio, deixando você com a postura muito rígida.

Fique atento aos movimentos involuntários repetitivos, que desviam a atenção dos ouvintes, como coçar a cabeça, segurar a gola da blusa ou do paletó, mexer na aliança ou na pulseira, brincar com objetos como o fio do microfone, o *laser pointer*, a caneta ou o lápis, e outras atitudes que podem desconcentrar as pessoas.

E, para finalizar a relação de comportamentos desaconselháveis, chamo a atenção para o que considero os dois erros mais comuns no que se refere aos gestos: a falta e o excesso deles. Como são importantes para ajudar na comunicação da mensagem, a ausência de gestos pode prejudicar a qualidade da comunicação.

Por outro lado, o excesso desvia a atenção, dificultando a compreensão das informações. Todavia, é preferível você não fazer nenhum gesto a se apresentar com gesticulação exagerada.

Se não gesticular mas apresentar uma boa mensagem, os ouvintes ainda conseguirão acompanhar seu raciocínio. Se, entretanto, exagerar nos movimentos, dificilmente as pessoas poderão se concentrar nas suas palavras.

Esses são cuidados que devem ser tomados para não prejudicar suas apresentações. Lembre-se, entretanto, do que eu disse no início: não existe nada tão errado em termos de comunicação que não possa ser feito em certas circunstâncias. Esse conceito tão simples sobre a importância da naturalidade da expressão corporal não só evita que você perca tempo com regras que, de maneira geral, podem ser deixadas de lado, como também preserva boa parte dos seus 29 minutos.

PARA LER EM MENOS DE UM MINUTO

- Evite a falta e o excesso de gesticulação. Entre essas duas atitudes desaconselháveis, prefira a falta ao excesso.
- Alguns gestos considerados desaconselháveis podem ser usados em certas circunstâncias.
- De maneira geral, evite falar com as mãos nos bolsos, com os braços nas costas ou cruzados na frente do corpo. Evite também fazer gestos abaixo da linha da cintura ou acima da cabeça.
- Procure não deixar as pernas muito abertas, para não tirar a elegância, ou fechadas demais, para não comprometer o equilíbrio.
- Cuidado para não se apresentar com a cabeça baixa, para não demonstrar excesso de humildade. E também não deixe a cabeça muito levantada, olhando por cima dos ouvintes, para não passar ideia de arrogância.
- Com objetivos definidos, você pode se movimentar diante dos ouvintes.

12 Minicurso para você falar bem

Este é um minicurso para você treinar e aperfeiçoar sozinho suas habilidades de comunicação. Preparei um roteiro com respostas às dúvidas mais comuns dos alunos do nosso curso de expressão verbal. São questões que cobrem os aspectos mais significativos da arte de falar em público. Vários desses pontos foram repetidos com mais ou menos profundidade em outros capítulos.

Na formulação da pergunta você já saberá se a questão é importante para o seu caso. Se estiver com pouco tempo, leia apenas as respostas com orientações que lhe interessem de imediato e tire rapidamente as dúvidas. Vá direto ao ponto para aproveitar bem seus 29 minutos.

1 – QUANDO ESTOU NA FRENTE DO PÚBLICO, PARECE QUE MINHAS MÃOS FICAM ENORMES E SOBRAM DEDOS PARA TODOS OS LADOS. COMO DEVO GESTICULAR?

A gesticulação que usamos quando falamos em público não é muito diferente da que utilizamos nas conversas informais com amigos, pessoas da família e colegas de trabalho. Se você fizer gestos diante dos ouvintes da mesma maneira que já faz nas conversas do cotidiano, com certeza irá acertar.

Alguns conselhos que você poderá pôr em prática de imediato para melhorar essa situação: faça gestos moderados, normalmente acima da linha da cintura e sem pressa de voltar as mãos à posição de apoio. Esses cuidados tornam a gesticulação diante da plateia muito parecida com a que você já está acostumado a usar e proporcionam um comportamento natural, espontâneo e expressivo. De forma objetiva e simplificada, a regra é procurar explicar com as mãos, com moderação, o que você está dizendo.

2 – DIANTE DA PLATEIA, NÃO VEJO NINGUÉM. COMO DEVO OLHAR PARA O PÚBLICO?

Com o tempo, o nervosismo diminuirá e você passará a enxergar as pessoas. Olhe para todos os lados da plateia. Gire o tronco e a cabeça para a esquerda e para a direita, de tal forma que, além de quebrar a rigidez da postura, você enxergue os ouvintes e os faça se sentirem prestigiados com sua atenção.

3 – COMO DEVO ME POSICIONAR DIANTE DO PÚBLICO? POSSO ME MOVIMENTAR? LI EM ALGUNS LIVROS QUE A MOVIMENTAÇÃO É IMPORTANTE, MAS OUTROS AFIRMAM QUE É MELHOR FICAR PARADO. AFINAL, QUEM ESTÁ COM A RAZÃO?

Se ficar imóvel diante do público, dificilmente você conseguirá interagir com os ouvintes. Por outro lado, se você se mexer demais, ou sem objetividade, transmitirá a imagem de alguém inseguro, hesitante e sem convicção.

Por isso, posicione-se naturalmente sobre as duas pernas, dando equilíbrio ao corpo, e procure se movimentar com algum propósito, como aproximar-se de parte da plateia que começa a ficar desatenta, para que voltem a prestar a atenção, ou para dar ênfase a determinadas informações que julgar relevantes.

4 – NÃO GOSTO DE OUVIR MINHA VOZ GRAVADA E NÃO SEI COMO USÁ-LA COM EFICIÊNCIA.

Algumas pessoas não gostam mesmo de ouvir a própria voz gravada. Isso ocorre porque, quando falamos, ouvimos nossa voz pela ressonância óssea dentro da cabeça. Entretanto, a voz gravada é propagada por ondas no ar e, por isso, muito diferente daquela que ouvimos quando falamos.

Acostume-se com sua própria voz gravada, pois com o tempo, ao se familiarizar com ela, perceberá que se trata da mesma voz que está habituado a ouvir quando fala. Para saber como as pessoas ouvem sua voz, coloque as mãos em forma de concha nos ouvidos, como se estivesse tentando ouvir alguém que está em um lugar bem distante, e pronuncie algumas frases, ou conte até 10 bem alto. Você vai constatar que sua voz é muito melhor do que imaginava.

5 – O QUE POSSO FAZER PARA MELHORAR A DICÇÃO?

Faça exercícios diários de leitura em voz alta com duração de dois a três minutos. Pegue um texto qualquer, pode ser um artigo de jornal ou de revista, e leia-o colocando um obstáculo na boca, como o dedo indicador dobrado, preso entre os dentes, como se estivesse com raiva – sem forçar (a ideia da raiva é só para mostrar como o dedo deve ficar dentro da boca). Pratique até que as pessoas consigam entender sem esforço as palavras que você disser.

6 – QUAL O VOLUME DE VOZ APROPRIADO?

O volume da voz deverá estar de acordo com o ambiente onde você se apresenta. Para aprender a adequar o volume da sua voz, faça o seguinte exercício: ponha um gravador no fundo da sala e pronuncie algumas frases para verificar se o ouvinte que estaria na mesma distância em que se encontra o aparelho de gravação ouviria sua voz.

7 – E A VELOCIDADE DA FALA?

Se você fala muito rápido ou muito devagar, faça exercício de leitura de poesia em voz alta para desenvolver uma boa velocidade e um ritmo mais agradável, isto é, alternar o volume da voz e a velocidade da fala.

8 – COMO POSSO ADEQUAR MEU VOCABULÁRIO?

A melhor atitude para ter um vocabulário adequado é falar diante dos ouvintes da mesma maneira como você se expressa quando conversa com familiares e amigos. Esse comportamento ajudará a tornar o discurso mais fluente. Veja como essa dica é recorrente na maioria dos capítulos. Usar o vocabulário que já é seu irá permitir que sua comunicação seja eficiente e não consumirá seus preciosos 29 minutos de preparação.

Um bom exercício para aumentar seu vocabulário é ler textos de revistas ou jornais com uma caneta na mão. Quando surgirem palavras cujo significado você tenha esquecido ou desconheça, anote o termo e depois consulte o dicionário. Assim que aprender uma nova palavra, passe a utilizá-la nas próximas conversas ou nos textos que redigir. Dessa forma, será mais fácil fixá-la.

9 – COMO DEVO AGIR PARA PLANEJAR BEM UMA APRESENTAÇÃO?

Conte sobre o que irá falar. Esclareça o problema que pretende solucionar. Apresente a solução do problema com apoio de estatísticas, pesquisas, exemplos e comparações. Se julgar conveniente, conte uma história para ilustrar o caso. Rebata as possíveis resistências dos ouvintes. Encerre pedindo que reflitam ou ajam de acordo com sua proposta.

10 – COMO DEVO FAZER A INTRODUÇÃO?

Antes, saiba o que deve ser evitado na introdução: começar contando piadas, pedindo desculpas por problemas físicos ou pela falta de conhecimento sobre o assunto, e tomar partido de um assunto logo no início quando pelo menos parte da plateia ainda pensa de maneira diferente.

Em vez disso, inicie elogiando com sinceridade os ouvintes, para conquistar a simpatia da plateia; conte uma breve história interessante, que tenha relação com o assunto; levante uma reflexão que instigue as pessoas; mostre os benefícios que o público terá ouvindo sua mensagem.

PARA LER EM MENOS DE UM MINUTO

- Faça gestos que correspondam ao ritmo e à cadência da fala.
- Olhe para todos os lados da plateia, com moderação. Agindo assim, você observará a reação dos ouvintes e fará com que se sintam incluídos no ambiente. E quebrará a rigidez da postura, por causa dos movimentos do seu tronco.
- Procure falar em público com as mesmas palavras que usa no dia a dia. Aprimore o vocabulário lendo e anotando as palavras que não conhece ou de cujo significado tem dúvidas.
- Alterne o volume da voz e a velocidade da fala. Esse ritmo tornará sua comunicação mais agradável.
- A maioria das pessoas não gosta de ouvir a própria voz gravada. Se for o seu caso, não se preocupe. Com o tempo, perceberá que só ouvimos a voz gravada de uma forma diferente porque ela chega até nós pela vibração do ar e, quando falamos, a ouvimos pela ressonância óssea, produzida dentro da nossa cabeça.

13 Táticas para interagir com os ouvintes

Para interagir com os ouvintes, alguns palestrantes têm usado táticas de comunicação que mais parecem instrumentos de tortura. Com a intenção de melhorar o resultado de suas apresentações, fazem perguntas de forma tão grosseira que deixam plateias inteiras com os nervos à flor da pele.

Com poucas variações, a cena se desenvolve mais ou menos assim: o sabichão chega diante do público e começa a fazer perguntas como se estivesse comandando um interrogatório. Geralmente inicia com um rápido comentário sobre o tema e logo parte para o ataque.

Diz, por exemplo: "Vamos ver o que vocês entendem por planejamento estratégico." Então, principia a fase das execuções. Olha bem nos olhos da vítima sentada na primeira fileira e, sem nenhuma sutileza, formula a pergunta: "O que é planejamento estratégico para você?"

Apanhado de surpresa, o ouvinte, meio sem jeito, arrisca uma tímida resposta tentando se lembrar dos conceitos aprendidos na faculdade ou em algum livro de administração para não administradores. O palestrante faz aquela cara de quem já esperava tamanho despreparo e sentencia: "Nananinanão, não é nada disso!"

Com ar satisfeito, como se acabasse de acertar mais um tiro no alvo, volta-se para outro ouvinte sentado lá no fundo da sala e repete a pergunta. E, depois de ouvir a resposta, mais uma vez com a fisionomia de impaciência que não esconde o sorriso de triunfo, passa o mesmo veredito.

E assim, sem dó nem piedade, vai executando vítima por vítima. Indefesas e constrangidas, diante de colegas da mesma empresa ou da mesma profissão, como se fossem iniciantes desinformados, vão sucumbindo e se desmoralizando.

No final, depois de repetir meia dúzia de vezes a mesma pergunta, sempre acompanhada do mesmo número de respostas e de igual quantidade de nananinanãos, o algoz projeta uma colorida e sofisticada tela com o conceito que julga ser a melhor definição de planejamento estratégico.

Se o conceito formulado pelo palestrante for bem observado, será possível constatar que não difere muito das respostas reprovadas dos ouvintes. O palestrante age assim para tentar uma tese que fica subentendida: "Vejam como tenho muito a ensinar."

Envolver as pessoas para que participem e se interessem pela apresentação é um recurso excepcional para o bom resultado de uma palestra. Entretanto, fazer perguntas à plateia apenas com o objetivo de mostrar que os ouvintes não conhecem o assunto e que terão muito a aprender com o palestrante pode criar uma atmosfera negativa e tornar o público resistente.

Se você deseja interagir com as pessoas fazendo perguntas, não tem problema; mas proceda de forma diferente, mais vantajosa e com melhores chances de sucesso. Assim, valorize qualquer informação que os ouvintes usarem como resposta. Faça perguntas e aproveite a resposta adaptando-a ao conteúdo de sua mensagem.

Vamos imaginar um exemplo bem exagerado. Suponha que, depois de questionar a plateia sobre o conceito de marketing, alguém dissesse que é uma venda no atacado. Até uma resposta absurda como essa poderia ser aproveitada para dar sequência à sua palestra. É evidente que, nesse caso, você não teria como elogiar a resposta, pois as pessoas perceberiam a falta de sinceridade, e sua credibilidade ficaria comprometida. Sem criticar o ouvinte, você poderia dizer que um dos recursos mais importantes para viabilizar vendas no atacado é uma política de marketing bem planejada. Você não estaria dizendo que a resposta estava correta, mas o fato de continuar sua exposição a partir da informação do ouvinte iria respeitar a imagem e a posição dele diante da plateia.

Uma atitude simpática mostra preocupação e respeito para com a imagem das pessoas, motiva os outros ouvintes a participarem com respostas e sugestões e produz um ambiente mais favorável e útil ao sucesso de sua apresentação. Você não perde tempo nenhum para aprender a se comportar nessas circunstâncias. Seus 29 minutos estão quase intactos.

PARA LER EM MENOS DE UM MINUTO

- Faça perguntas para interagir com os ouvintes. Se o assunto permitir e a circunstância for favorável, as perguntas serão um ótimo recurso de interação.
- Não faça perguntas apenas para demonstrar que sabe mais que os ouvintes. Essa atitude passa uma imagem antipática, não credita autoridade e cria resistências no público.
- Procure sempre valorizar a resposta dos ouvintes. Você não vai elogiar uma resposta descabida, mas pode aproveitá-la em sua explicação.
- Ao valorizar uma resposta, você motivará outras pessoas a participar. Elas percebem que os ouvintes são respeitados e se sentem mais à vontade para interagir.
- Se o objetivo for motivar a participação da plateia, quanto mais simples a pergunta, melhor.

14 E se disserem o que você ia dizer?

Um evento com vários palestrantes que falam sobre o mesmo tema exige alguns cuidados. Para não ser apanhado de surpresa, siga estas sete orientações:

1 – Procure assistir às outras palestras para se certificar de que não anteciparão assuntos que estavam incluídos na sua apresentação.

2 – Se, por qualquer motivo, você não puder estar presente a essas palestras, peça a alguém de sua confiança que as assista e o inteire do que foi tratado antes da sua apresentação.

3 – Embora seja muito improvável anteciparem tudo o que você pretendia dizer, monte uma segunda palestra diferente para esse caso. Mesmo que a qualidade da segunda palestra deixe um pouco a desejar em relação à primeira, pelo menos você terá uma tábua de salvação. Não é fácil, pois até os grandes palestrantes, acostumados há muitos anos a enfrentar todo tipo de plateia, têm dificuldade para elaborar uma palestra de reserva. Em todo caso, vale a pena se dedicar ao preparo de uma segunda opção.

4 – Crie sua palestra com exemplos visuais diferentes, em especial vídeos ilustrativos, pois, ao mudar a ilustração, será possível

alterar mais facilmente os comentários, além de passar a impressão de que se trata de temas novos.

5 – Colecione histórias para entreter os ouvintes e ilustrar sua mensagem. Se alguém que falou antes de você, por coincidência ou não, usou informações que normalmente você usa nas suas palestras, a nova história poderá fazer toda a diferença. Entretanto, não tenha a esperança de que essas boas histórias surjam no momento em que estiver falando; colecione e prepare-as com antecedência; deixe-as no banco de reservas, esperando o melhor momento para colocá-las em jogo.

6 – Prepare alguns exercícios para estimular a participação dos ouvintes. Assim, se outros palestrantes fizerem uso do que você pretendia dizer, transforme a apresentação que seria teórica em uma exposição prática e interativa.

7 – Vá para os eventos desarmado mas ao mesmo tempo preparado. Desarmado de preocupações, sabendo que sempre encontrará uma maneira de contornar os imprevistos, e preparado para não deixar que essas soluções sejam apenas obra do acaso.

Um exemplo para ilustrar: lembro-me de um momento de genialidade do palestrante Luiz Marins. Um dos livros escritos pelo grupo de 15 palestrantes a que pertenço, *Pensamento estratégico para líderes de hoje e amanhã*, publicado pela Editora Integrare, coordenado por Dulce Magalhães e prefaciado por Max Gehringer, teve os direitos autorais revertidos para a Unipaz.

O lançamento do livro ocorreu em uma movimentada noite de autógrafos que lotou a Livraria Saraiva do Shopping Morumbi, em São Paulo. Dos 15 autores, 10 estavam presentes. O fato de haver tantos palestrantes renomados atraiu um grande público, que queria vê-los e ouvi-los.

Dá para imaginar o que significa 10 palestrantes felizes, com microfone na mão, falando sem tempo determinado? Apresentaram-se inicialmente o presidente da Integrare, a gerente de comunicação da Livraria Saraiva e a Dulce, para explicar como alinhavou a obra. Daí para a frente foi um desfile de discursos. Eu tive a sorte de ser um dos três primeiros a dizer algumas palavras.

O Luiz Marins, que estava na ponta da mesa, foi o último a se apresentar. Cada vez que um palestrante terminava seu pronunciamento, dava para vê-lo balançando a cabeça, como se dissesse: "Esse também roubou um pedaço do meu discurso..."

Finalmente chegou a vez de ele empunhar o microfone. Assim como eu, muita gente estava se perguntando como o Marins sairia daquela saia-justa, pois os temas ligados à publicação do livro haviam se esgotado na fala dos outros autores.

Marins levantou-se calmamente e, ainda em silêncio, olhou para todos os lados da plateia, saboreou aqueles instantes de expectativa e disparou: "Estou me sentindo como o oitavo marido da Elizabeth Taylor na noite de núpcias – o que posso fazer hoje para surpreender esta mulher?!" A plateia veio abaixo. Ninguém poderia supor uma tirada tão oportuna e apropriada para aquela circunstância. Como eu disse, pura genialidade.

Na verdade, nem me lembro do que ele disse depois, mas sua participação foi a mais comentada por todos. Afinal, ele conseguira apresentar uma novidade e "surpreender Liz Taylor na sua oitava noite de núpcias".

PARA LER EM MENOS DE UM MINUTO

- Se o palestrante "roubou" suas ideias, aproveite e faça comentários sobre o que ele disse. Dessa forma, você fará sua apresentação como se estivesse aproveitando circunstâncias nascidas no próprio ambiente.

- Se o palestrante antecipar as regras que você iria sugerir, fale como elas poderiam ser quebradas. Analise bem todas as regras que você pretendia utilizar e estude quais poderiam ser desconsideradas em determinadas circunstâncias. Este é um recurso que dá bons resultados.
- Tenha sempre algumas histórias de reserva. Se precisar alterar sua apresentação, esses casos extras serão muito úteis.
- Não entre no horário dos outros palestrantes. Termine no tempo determinado. Para isso, planeje sua apresentação com diferentes durações. Saiba, antes de iniciar, quais as etapas que poderiam ser eliminadas ou reduzidas.

15. Sua comunicação deve ser um show

Se você tiver de falar em uma convenção de vendas para uma plateia de 500 vendedores, em um hotel à beira-mar, e tentar passar uma mensagem com conteúdo profundo do princípio ao fim, suas chances de fracasso serão de 10 em 10.

Se, por outro lado, em uma reunião para explicar resultados e definir o planejamento estratégico para o ano seguinte, diante de meia dúzia de conselheiros, passar o tempo todo contando piadinhas e histórias engraçadas, suas chances de fracasso talvez diminuam um pouco. Possivelmente, serão de 11 em 10.

Essas hipóteses extremas são para mostrar que o resultado de uma apresentação depende de como você adapta a maneira de falar à circunstância, ao contexto e, principalmente, às características dos ouvintes.

Nas duas hipóteses, você deve ter a preocupação de deixar uma mensagem importante, mas a maneira de falar precisa ser adequada ao tipo de evento em que irá se apresentar.

A boa comunicação precisa ser a conjugação bem dosada de conteúdo e espetáculo. Você tem de "regar" o conteúdo com a quantidade ideal de espetáculo para os ouvintes se interessarem pela mensagem e o resultado da apresentação ser positivo e atingir os objetivos desejados.

Na primeira hipótese, a convenção de vendas, o conteúdo deve ser transmitido com grande dose de espetáculo. Essa não é uma situação propícia para mensagens técnicas que exijam concentração por tempo prolongado. São eventos em que você deve resumir os pontos mais relevantes das informações que deseja comunicar e fazer o show para conquistar o interesse da plateia.

Já na reunião do conselho, a expectativa dos ouvintes é receber o conteúdo com precisão e objetividade. Nesse caso, é preciso programar a maior quantidade possível de informações técnicas e o mínimo de espetáculo.

Não se esqueça, entretanto, de que, mesmo sendo uma reunião de conselho, você estará tratando com pessoas, que sempre precisam de um pouco de show para se manter interessadas.

Bom, mas que show é esse?, você deve estar pensando, já que talvez não tenha dons artísticos que possam atrair a atenção de uma plateia. Garanto que você tem condições para dar o espetáculo necessário ao sucesso de suas apresentações.

Pense bem: o que você sabe fazer que agrada as pessoas em suas conversas sociais, com amigos, colegas de trabalho ou familiares? Você sabe contar histórias, piadas ou fazer imitações? Tem presença de espírito e sabe se valer de ironias finas para deixar o ambiente mais descontraído? Enfim, o que você sabe fazer de interessante?

São essas habilidades que você usa tão naturalmente no dia a dia que servirão de recurso para dar o espetáculo na medida certa, de acordo com as necessidades da circunstância e do tipo de ouvinte que terá pela frente. Você não precisará fazer nada diferente do que já sabe, apenas usar um pouco mais ou um pouco menos de "tempero" para se adequar à situação.

Agora, mais uma informação curiosa: você não imagina a quantidade de alunos que já treinei e que se consideravam casos perdidos porque não possuíam nenhum atributo que os tornasse estimulantes diante do público! Em quase todos os casos foi possível descobrir habilidades adormecidas, esperando uma boa oportunidade de serem exploradas.

A maioria não tinha consciência do que poderia produzir de positivo com sua comunicação. Outros, por comodismo, prefeririam dizer que não sabiam fazer nada só para não se expor.

Talvez esse também seja o seu caso. Por isso, observe nas conversas que costuma ter com as pessoas mais próximas o que dá certo para mantê-las interessadas quando você fala. Mesmo imaginando a pior das hipóteses, posso garantir que sempre haverá tempo para aprender.

Comece contando histórias curtas para as pessoas mais próximas, de preferência da sua família. Vá aperfeiçoando a narrativa até sentir que tem pleno domínio do que irá contar, com começo, meio e fim.

Não precisa ser nada muito sofisticado, qualquer história curta e interessante poderá servir nessa fase de aprendizado. Quando já tiver dominado a primeira, parta para a segunda, para a terceira, até conseguir montar um repertório que o ajude a dar o espetáculo de que suas apresentações precisam para ser bem-sucedidas.

Vale a pena investir no aprimoramento desses recursos, que vão garantir excelentes resultados para sua comunicação. Espero que você descubra o que sabe fazer de melhor e passe a explorar esse potencial sempre que precisar falar em público.

Se você tiver de falar daqui a pouco, lance mão de uma história que tenha contado em casa ou numa roda de amigos. Essa você já conhece e se sente mais confortável em desenvolvê-la. Para justificar a história na sua apresentação, não se esqueça de abordá-la dentro do contexto do tema a ser exposto.

PARA LER EM MENOS DE UM MINUTO

- Descubra o que você sabe fazer de melhor e use em suas apresentações. Você sabe contar piadas ou histórias interessantes? Sabe fazer imitações? Leve para os ouvintes essas habilidades. Esse é o espetáculo de que a sua apresentação precisa para ser bem-sucedida.
- Pratique contar histórias interessantes para amigos e familiares. Essas situações são as mais adequadas para ensaiar esses ingredientes espetaculares. Se funcionar nos ambientes mais íntimos, também poderá dar resultado diante dos ouvintes.
- Saiba dosar o show de acordo com o tipo de plateia que terá pela frente. Quanto mais numeroso e inculto o público, mais espetacular poderá ser a apresentação. Quanto menor e mais instruído o público, mais moderado deverá ser o espetáculo.

16 Escutar é importante. Falar também.

Há um texto de muito sucesso de Rubem Alves, chamado "Escutatória – ou o silêncio como alimento", que é admirável. A pena brilhante do escritor nos leva a refletir sobre a importância do silêncio, sobre como podemos aprender sem falar e, também, sem ouvir, apenas deixando que o silêncio exterior encontre nosso silêncio interior.

O autor inicia seu texto comentando que sempre vê anunciados cursos de oratória, mas não de escutatória. Todo mundo quer aprender a falar, mas ninguém quer aprender a ouvir.

Em suas ponderações, revela: "Não basta o silêncio de fora. É preciso silêncio dentro. Ausência de pensamentos. E aí, quando se faz o silêncio dentro, a gente começa a ouvir coisas que não ouvia." É, sem dúvida, a oportunidade de aprendermos. Sem contar que, quando fazemos silêncio depois de o outro ter falado, também demonstramos respeito e consideração pelo que escutamos.

Saber ouvir, portanto, é ter respeito pelo outro; é uma oportunidade de aprender e de se encontrar consigo mesmo. Se saber escutar é tão importante, por que alguns indivíduos não escutam? Entre os vários motivos estão a vaidade, o orgulho, a arrogância e até mesmo o fato de muitos não terem consciência da importância de escutar, de dedicar-se a ouvir o outro.

Rubem Alves foi teólogo, filósofo e psicanalista, e não é de admirar que parte de suas conclusões tenha nascido no período em que esteve em um mosteiro suíço. Segundo seu relato, ali, durante as refeições, falava-se pouco. E nas liturgias de que participava três vezes ao dia o silêncio era absoluto. Assim, encantou-se com o ambiente silencioso. Não ter a obrigação de conversar com os vizinhos de mesa enquanto se alimentava proporcionou-lhe momentos de felicidade. A maneira competente como descreveu o cenário calmo, tranquilo e aconchegante daquela experiência transporta o leitor para um clima de paz e bem-estar. Ao final da leitura, é impossível não se apaixonar pelo silêncio.

Outro autor, o belga Maurice Maeterlinck, prêmio Nobel de Literatura em 1911, também discorre de forma magistral sobre a importância do silêncio. Em sua obra *O tesouro dos humildes*, publicada em 1896, ele narra: "Dir-se-ia que sua alma não tem face. Nós não nos conhecemos ainda, escrevia-me alguém que eu muito amava; não tivemos ainda coragem de nos calar juntos."

O ditado "a palavra é de prata e o silêncio é de ouro" parece ganhar novos significados em seu texto. Segundo o autor, "a palavra é do tempo; o silêncio é da eternidade". Ele acrescentou ainda que "as abelhas só trabalham no escuro; o pensamento, no silêncio; e a virtude, no segredo".

Entretanto, cuidado! Embora não haja dúvida sobre a importância do silêncio e da relevância de saber escutar, a vida não costuma premiar quem só escuta e se cala. Dependendo das funções que exerce ou pretende exercer, as pessoas não esperam que você entre mudo e saia calado, por exemplo, de uma reunião importante. Há expectativa de que você diga algo. E algo relevante.

Mesmo que não tenha nada a dizer, ouça atentamente o que estão debatendo e faça algum comentário a respeito dos temas em discussão. Dessa forma, sem ficar quieto quando deveria se manifestar, você se mostrará interessado e participativo.

O segredo está em saber o instante mais propício para ouvir, para ficar em silêncio e para falar. Se você aprender a falar na hora certa e souber escutar e ficar em silêncio no momento apropriado, encontrará o equilíbrio de que precisa para se relacionar e se comunicar bem com as pessoas. Vá para a reunião ou para a apresentação sabendo que ouvir é tão fundamental quanto falar.

PARA LER EM MENOS DE UM MINUTO

- Fale só o necessário. Quem fala além do que precisa ser dito se torna desagradável e pode se comprometer.
- Não deixe de falar o necessário. Quem não fala o que precisa ser dito pode perder oportunidades preciosas de se projetar tanto no relacionamento social quanto nos contatos na vida corporativa. Se você ocupa uma posição hierárquica importante, a expectativa de seus pares, superiores e subordinados é que não fique calado numa reunião, mas que participe, conteste e dê sugestões.
- Entenda a importância do silêncio e sinta o prazer de ficar quieto. Aprender a ficar em silêncio nos momentos certos é uma arte que precisa ser cultivada.
- Saiba escutar. Saiba falar. Esse é o equilíbrio perfeito na comunicação.

17 Apresentações para o chefe com o uso de recursos visuais

A apresentação de um subordinado para o chefe tem suas peculiaridades. O chefe não costuma tolerar enrolação e exige objetividade. Essa história de esticar a exposição com excesso de detalhes pode não dar bom resultado. Especialmente se entrarem em jogo os recursos visuais.

Depois de três ou quatro telas, a paciência se esgota e surge a frase mais ou menos padrão: "Como é que é? Vai demorar muito tempo para chegar ao ponto?" Ou, quando a chefia pega mais leve: "Talvez pudéssemos pular essas etapas intermediárias e chegar logo ao que interessa, não?"

Então, aqui vai uma dica especial em relação à sequência adequada da projeção das telas: mostre logo de saída um slide com o resumo de toda a informação que você vai expor. Por exemplo, em uma apresentação sobre determinado investimento, a primeira tela deve conter os custos, a receita, o resultado líquido e o tempo necessário para o retorno do investimento.

De posse dessas informações, é natural o chefe querer saber como o subordinado chegou àquele resultado. Assim, os slides com as fases iniciais do estudo podem ser expostos a seguir, com tranquilidade e sem atropelos.

Apresentação com recursos visuais bem-feitos não é sinônimo de sofisticação. Ao contrário: slides com cores exuberantes e sons, ou com mudanças "acrobáticas" de imagens, podem dar ao chefe a impressão de que o subordinado perdeu mais tempo em mostrar as habilidades de usar os recursos tecnológicos do que com o conteúdo da mensagem.

Para que recursos visuais sejam elaborados de maneira correta e eficiente, sem falta nem excessos, siga estas orientações:

1 – Coloque um título.

2 – Faça legendas.

3 – Escreva com letras de boa legibilidade – prefira as fontes Arial e Tahoma, em corpo acima de 20 pontos.

4 – Não exceda três diferentes tamanhos de fontes.

5 – Crie frases curtas, limitando-se a sete palavras por frase.

6 – Use poucas linhas, limitando-se a sete.

7 – Use no máximo quatro cores.

8 – Apresente apenas uma ideia em cada slide.

9 – Utilize somente ilustrações relevantes. Uma em cada slide deve ser suficiente.

10 – Retire tudo o que for dispensável ou incompatível com a mensagem.

Os subordinados têm cada vez mais liberdade para se relacionar e para se expressar, sem temores, com seus chefes. Mesmo assim, por mais à vontade que você fique na presença do seu superior, é evidente que pode existir algum desconforto. Afinal, a hesitação ou o nervosismo, comuns para quem fala em público ou em situações mais formais, podem pôr em jogo o futuro da sua carreira.

Saber como interagir com o interlocutor e usar as informações projetadas na tela é fundamental para demonstrar segurança e descontração. Siga estes cinco passos para aumentar suas chances de sucesso:

1 – AVISE: comunique ao chefe que você irá projetar a informação. Por exemplo: "Vou mostrar agora o plano de vendas para o próximo semestre."

2 – PROJETE.

3 – OLHE: após projetar, olhe na direção da tela para indicar em que ponto o interlocutor deverá se concentrar.

4 – COMENTE: ainda olhando para a tela, faça um pequeno comentário.

5 – EXPLIQUE: passe a explicar com naturalidade as informações projetadas, mantendo contato visual com o interlocutor.

Nem sempre uma mensagem necessita de um recurso visual para ser transmitida. Ele deve ser usado para atingir estes três objetivos: destacar a informação importante, facilitar o acompanhamento do raciocínio e permitir ao ouvinte se lembrar das informações por mais tempo.

Importante: esteja bem preparado para falar usando recursos visuais, mas se prepare ainda mais para se apresentar sem eles. Não são raras as ocasiões em que surgem problemas com os equipamentos. Nesses casos, é fundamental que a apresentação seja feita da melhor maneira possível mesmo sem a ajuda deles. Leia o Capítulo 20, "Dispense os recursos visuais e ganhe tempo".

PARA LER EM MENOS DE UM MINUTO

- Só utilize recursos visuais quando quiser destacar as informações importantes, facilitar o acompanhamento do raciocínio pelos interlocutores e permitir que as informações sejam lembradas por mais tempo.
- Esteja preparado para falar sem recursos visuais caso tenha algum problema com a projeção.
- Seja objetivo, especialmente em apresentações para superiores hierárquicos.
- Durante as apresentações, evite ficar olhando para a tela o tempo todo, de costas para os ouvintes.
- Avise o que vai projetar, projete, olhe para a tela, faça um breve comentário e, fitando os ouvintes, explique com naturalidade as informações projetadas.
- Para produzir um bom visual use a regra do 7 x 7: no máximo 7 palavras por linha. No máximo 7 linhas por projeção.

18 A fala certa do chefe para o subordinado

Acabamos de ver algumas considerações sobre como o subordinado, utilizando recursos visuais, deve fazer apresentações aos superiores. Você observou a importância da objetividade, de ir diretamente ao ponto, sem enrolação.

Neste capítulo, vou inverter as posições. Quero discutir como o chefe deve agir para falar com o subordinado. Embora os aspectos estéticos relacionados à voz, ao vocabulário e à expressão corporal sejam os mesmos, a forma de transmitir a mensagem tem características diversas e peculiares.

O respeito deve ser o mesmo em todas as circunstâncias. Assim como, em público, o subordinado não deve contrariar gratuitamente a opinião do chefe, o chefe precisa tomar cuidado para não repreender o subordinado na frente dos outros funcionários.

No primeiro caso, o chefe pode se sentir diminuído e com a autoridade comprometida diante do grupo. No segundo, o subordinado pode se sentir humilhado e constrangido diante dos colegas. Contrariar a opinião do chefe ou chamar a atenção do subordinado são situações que exigem conversas particulares.

Além desses pontos, há outros mais complexos que pedem cautela, fogem um pouco do conteúdo em si e têm a ver com a maneira de transmitir a mensagem. Conforme eu disse no início do capítulo, vou me ater a alguns aspectos da comunicação do chefe com o subordinado.

Talvez você já saiba que a promessa de brevidade é um dos recursos mais poderosos para quebrar a resistência dos ouvintes com relação ao ambiente. Se as pessoas estiverem cansadas, com pressa, desconfortáveis ou se sentindo pressionadas por terem de permanecer no local da apresentação, a promessa de que será breve é excelente para afastar esse tipo de resistência.

A regra é clara: a promessa de brevidade deve ser sutil e mostrar claramente o benefício aos ouvintes.

Deve ser sutil porque, se um orador apenas diz que será breve, talvez os ouvintes não acreditem muito em suas palavras. Afinal, tantos oradores já fizeram tal promessa e não a cumpriram que esse recurso caiu um pouco no descrédito. Portanto, o ideal é o orador dizer, por exemplo, que, para encerrar os debates do evento, o ponto que está faltando para fechar o raciocínio deverá ser tratado numa rápida pincelada ou com uma brevíssima reflexão.

Deve mostrar claramente o benefício que terão os ouvintes, para não dar a impressão de que o orador está sem vontade de falar com o grupo. Por isso, é recomendável dizer, por exemplo, que não irá consumir muito tempo da plateia porque sabe que todos ali trabalharam muito o dia inteiro e estão precisando descansar.

A questão passa a ser mais delicada quando o orador é o superior hierárquico. Não teria sentido o vice-presidente da empresa demonstrar preocupação em não consumir muito tempo para beneficiar os gerentes e supervisores que participam da reunião. Além de não ser normal terem esse tipo de preocupação, dependendo da circunstância sua autoridade pode ficar enfraquecida diante do grupo.

A presença do chefão, entretanto, não fará o aparelho de ar--condicionado menos barulhento, a temperatura mais agradável ou os compromissos desaparecerem da agenda. A situação exige uma saída diplomática e inteligente. Nesse caso, a promessa de brevidade deverá ser feita de forma quase imperceptível, mas de modo suficientemente claro a fim de afastar as resistências.

O orador poderá dizer, por exemplo, "Quero falar rapidamente sobre os critérios do controle de qualidade" ou "Vou falar um pouco sobre os planos de diversificação". Ao afirmar que vai falar rapidamente ou um pouco sobre determinado tema, embora a promessa de brevidade esteja implícita, dará a impressão de que falará apenas o tempo necessário para que o assunto seja esclarecido. É uma maneira de utilizar o recurso de modo adequado para atingir seu objetivo, sem o risco de qualquer consequência negativa.

Outra regra comum e que garante bom resultado no início da apresentação é agradecer a presença dos ouvintes na reunião, pois as pessoas se sentem acolhidas e bem recebidas no ambiente. Considerando o exemplo anterior, entretanto, esse recurso também deve sofrer adaptações, pois não é natural o presidente ou vice-presidente da empresa convocar a reunião e depois demonstrar a preocupação de agradecer a presença dos subordinados.

Nesta circunstância, a atitude mais adequada é cumprimentar todos pela pontualidade para tratar daquele assunto tão relevante.

Dessa forma, o chefe valoriza a presença das pessoas, um ótimo recurso para conquistar a benevolência dos ouvintes, e tem a atenção desde o início ao revelar a importância do assunto.

Tudo muito simples e sem consumir quase nada dos seus preciosos 29 minutos de preparação.

PARA LER EM MENOS DE UM MINUTO

- Não repreenda subordinados em público. Tenha uma conversa particular.
- Não contrarie gratuitamente o chefe em público. Tenha uma conversa reservada.
- Mesmo que o chefe afirme não se incomodar em ser criticado em público, resista. É quase certo que ele não está sendo sincero.
- Procure sempre a técnica mais apropriada para cada situação. Não é adequado, por exemplo, o chefe convocar uma reunião e iniciar agradecendo a presença de todos. É mais coerente valorizar o fato de todos terem chegado no horário. Da mesma forma, não é apropriado o presidente da empresa prometer brevidade aos subordinados. Neste caso, é preferível dizer que passará ao grupo apenas algumas informações para esclarecer bem a questão.
- Por melhor que seja a técnica, analise a necessidade de adaptá-la à circunstância.

19 Histórias que podem atrapalhar

Quero convidá-lo para uma reflexão extremamente importante e que não tomará muito do seu tempo. É só o suficiente para ler, refletir e escolher as melhores histórias para ilustrar suas apresentações.

Vamos falar sobre a arte de contar histórias. Não as histórias desgarradas, solitárias, que bastam por si. Quero discutir aquelas convidadas para participar como coadjuvantes – uma vez que o protagonista deve ser sempre o assunto, o tema da apresentação. Desejo alertar para o perigo de utilizar narrativas inadequadas, que chegam a fazer o show desandar.

Houve época em que a praga se limitava às histórias aprendidas nos cursos de oratória. Os professores ensinavam algumas pequenas fábulas e parábolas para que os alunos as tomassem como modelo em suas ilustrações nos exercícios em sala de aula. Por comodismo muitos desses estudantes não se valiam delas somente nos treinamentos da arte de falar em público; excediam, extrapolavam, incluíam-nas em seu repertório e as levavam a tiracolo em todas as circunstâncias. Eram as mesmas histórias nos brindes de batismo, nas defesas de tese de doutorado e até nas festas. Bastava alguém contar uma história durante uma palestra e já se ouvia o murmúrio no auditório, os comentários sobre em qual curso aquele orador deveria ter aprendido a narrativa, que de original não tinha nada. Nem preciso dizer que essas histórias tiravam todo o encanto das apresentações.

Hoje, a fonte deixou de ser os cursos de oratória. Trata-se agora das pesquisas pessoais dos palestrantes. Algumas pessoas, sem muita criatividade e nenhum escrúpulo, montam seu repertório ouvindo e copiando os outros, ou chafurdando na internet, sem considerar que o mundo está de olho nas mesmas histórias.

É desesperador. Você não acredita que vai ouvir aquela historinha de novo, mas, pela entonação do palestrante e pelo andar manjado da diligência, não dá outra: já vislumbra aquela pérola que meio mundo gosta de contar.

Quando é autoplágio, ainda dá para aguentar. Não serei eu, um autoplagiador confesso e assumido, a atirar a primeira granada, pois como castigo merecido ela estouraria em minha própria mão. Refiro-me, portanto, às histórias que muitos palestrantes contam com frequência.

O problema atingiu uma dimensão tão preocupante que dois colegas de tribuna chegam a contar a mesma história para a mesma plateia no mesmo evento – um pela manhã e outro à tarde. Como aquele que fala à tarde não fica sabendo o que o colega disse pela manhã, embarca numa canoa furada e se afoga.

Pela manhã, a história era de dois homens correndo de um leão, sendo que um parava e calçava o tênis. À tarde, são os mesmos dois correndo, só que de um tigre. A sequência, porém, é a mesmíssima: "Ei, não adianta você calçar o tênis, jamais conseguirá correr mais que o leão/tigre." "Mais que o leão/tigre eu não vou correr, porém mais que você, sim!" Aí o palestrante da tarde, que tem certeza de ter contado uma história inédita, fica aguardando a reação dos ouvintes, mas só consegue perceber, sem entender, algumas fisionomias contrariadas. E passa a se lamentar: "Onde foi que errei?"

Como participo de eventos em que vários palestrantes se apresentam um após o outro, já vi inúmeras vezes um deles anotando a boa história que o outro acabara de contar. Penso comigo: "Esse vai fazer besteira, porque está se apropriando de uma história que possivelmente será contada por aquele palestrante em outras circunstâncias."

Contar histórias em apresentações, sejam palestras, conferências ou simples aulas, é um recurso excepcional de comunicação. Praticamente todos os palestrantes que têm agenda cheia e boa remuneração são bons contadores de histórias. Eu mesmo, antes de uma palestra, faço a revisão não só do conteúdo, mas principalmente das histórias que vou usar na tentativa de tornar a mensagem mais clara e interessante.

Entretanto, se não for um erro, é com certeza um risco muito grande contar histórias muito conhecidas, aquelas preferidas por quase todos os que falam em público. As melhores são as que você mesmo vivenciou ou as que encontra nas suas leituras de livros, jornais e revistas, ou que ouve nos filmes, peças de teatro e conversas sociais.

Essas serão suas, diferentes, e por isso despertarão o interesse e criarão maior expectativa nos ouvintes. Se, entretanto, resolver contar uma história mais batida, ponha a criatividade para funcionar e dê-lhe uma roupagem nova e atraente, de tal maneira que a plateia pense estar ouvindo a história pela primeira vez.

Lembre-se, porém, de que não basta apenas alterar o nome dos animais, pois, nessa arte de contar história, ainda que se troque leão por tigre, bicho continua sendo bicho.

PARA LER EM MENOS DE UM MINUTO

- As histórias ajudam a ilustrar as mensagens. Além de facilitar o entendimento dos ouvintes, tornam a apresentação mais leve, arejada e atraente.
- Evite contar as muito manjadas. Se a história for conhecida, basta fazer apenas uma menção, por exemplo: "... como aquela história da princesa que queria encontrar o príncipe". Dessa forma, você a utiliza como ilustração sem passar pelo desgaste de contá-la novamente.
- Aprenda a colecionar histórias que ouve nas conversas ou encontra nas leituras. Vale a pena anotar as novas para montar um repertório próprio.
- Só utilize narrativas que podem ser contextualizadas, bem associadas à mensagem. Mesmo que a história não se encaixe por si só, quase sempre é possível construir pontes para ela se ajustar ao contexto.

20 Dispense os recursos visuais e ganhe tempo

Você já pensou em rasgar a cartilha, ser mais ousado e falar em público sem o apoio de recursos visuais? Parece até irresponsabilidade, sobretudo nos dias de hoje, com tanta tecnologia disponível, alguém fazer uma apresentação sem a ajuda de um equipamento.

Os argumentos a favor dos recursos visuais são inúmeros, a começar pela pesquisa que mostra dados impressionantes: se fizermos uma apresentação sem o uso de elementos visuais, depois de três dias os ouvintes se lembrarão de apenas 10% do que foi dito. Se a mesma exposição for feita com o auxílio de recursos visuais, após o mesmo período de tempo o público irá se recordar de 65% da mensagem transmitida. É uma diferença tão extraordinária que contrariar esses números, à primeira vista, parece insensatez.

Sem contar que essas visualizações tornam a apresentação mais leve, interessante e persuasiva. Segurar a atenção dos ouvintes por cerca de uma hora é tarefa que exige habilidade, competência e excepcional capacidade de comunicação. Esse trabalho, geralmente, é facilitado pela utilização de recursos visuais.

Por esses e outros motivos, quase todo mundo se vale deles em suas apresentações. Principalmente, como vimos, graças às facilidades proporcionadas pela tecnologia. É simples: mesmo com limitados conhecimentos de informática, qualquer pessoa pode elaborar bons visuais.

E agora a grande novidade: alguns dos melhores palestrantes passaram a enfrentar as plateias de peito aberto, sem nenhum recurso visual como apoio. E com resultados extraordinários. Começam e terminam suas apresentações olho no olho, sem projetar uma tela sequer.

E onde estão as vantagens de falar em público dessa maneira, se essa atitude parece ser um retrocesso? O benefício está na surpresa, no inusitado, no inesperado. Como os ouvintes já se acostumaram a assistir às apresentações que utilizam os elementos visuais como apoio, ficam intrigados quando surge um orador inovando, transgredindo essa regra.

O público pode se perguntar "Como ele vai conseguir segurar a atenção da plateia e desenvolver a mensagem do começo ao fim sem usar pelo menos alguns slides?" ou "Será que ele não vai se perder ou comprometer o interesse dos ouvintes?". Podem considerar que falar sem nenhum tipo de apoio visual é uma espécie de salto de um trapézio, e sem rede de segurança. Para os ouvintes, alguém que toma a iniciativa de agir assim desprotegido tem total domínio do assunto. E mais: é muito bom de palco.

Outro ponto favorável às apresentações sem recursos visuais é o despojamento do orador. À medida que desenvolve sua linha de pensamento, pode dar a impressão ao ouvinte de que, sem apoio, as informações nascem no momento, ali, diante da plateia.

Funciona como uma conversa em que os assuntos se sucedem naturalmente, ao sabor da interatividade. A plateia admira ainda mais o desempenho do orador.

Mas, se você entendeu que basta dispensar os elementos visuais, ir para a frente da plateia e comemorar o sucesso da apresentação, está se precipitando. Inovar não significa ser irresponsável. Há certos fatores a serem considerados. Vamos analisar cada um deles para você tomar sua decisão.

O CONTEÚDO. Para falar sem os recursos visuais, você precisa, acima de tudo, dominar o assunto. Deve estar tão seguro do conteúdo a ponto de as informações surgirem naturalmente, do princípio até o fim. Assim, dependendo do andamento da apresentação, pode mudar a sequência da exposição com tranquilidade.

Como estará em voo solo, não dá para ter conteúdo limitado. É preciso ter material de sobra – para substituir o que porventura não agradar ou para esticar um pouco mais se necessário. O repertório de histórias também deve ser extenso, sempre com algumas das boas no estoque.

O TEMPO. Os melhores resultados sem recursos visuais são obtidos em apresentações que duram no máximo uma hora e meia, dependendo, lógico, da circunstância do evento e do desempenho do orador. Portanto, se tiver de falar por mais de uma hora e meia, talvez não seja interessante abandonar totalmente esse recurso.

O ESPETÁCULO. O que atrai os ouvintes em uma apresentação não é apenas o conteúdo, mas também, e em muitos casos principalmente, o espetáculo, o show. De maneira geral, os elementos visuais são ótimos para promover o espetáculo na apresentação. Sem eles será preciso encontrar bons substitutos.

Cada orador deve descobrir e usar o que possui de melhor para introduzir um pouco de espetáculo em sua apresentação, conforme já abordei no Capítulo 15 "Sua comunicação deve ser um show". Alguns sabem fazer imitações, outros, contar histórias; há ainda aqueles que têm habilidade para usar a presença de espírito ou interagir com os ouvintes. Identifique suas melhores competências e utilize-as para manter o público atento e interessado.

A MOVIMENTAÇÃO. Além de interagir com os ouvintes, de vez em quando mude o foco de atenção do público. Pelo menos a cada

10 minutos, troque de posição diante da plateia. Movimente-se no meio das pessoas, saia de um lado da sala e dirija-se a outro ponto. Alterne o volume da voz e a velocidade da fala.

AS PAUSAS. A pausa é sedutora. Quando feita no momento oportuno, valoriza a informação transmitida, demonstra domínio do tema e cria expectativa sobre o que será dito a seguir. Após cada bloco de informações relevantes, faça pausas mais prolongadas. Faz parte do espetáculo.

A NOVIDADE. Mesmo se movimentando diante da plateia, depois de certo tempo as pessoas terão dificuldade de acompanhar e de se concentrar na sua linha de raciocínio. Interrompa o que estiver dizendo e conte uma história curta e interessante para distrair os ouvintes e permitir que voltem a se concentrar.

FORMA FÍSICA. As apresentações sem o auxílio de recursos visuais cansam mais. Muito mais. Enquanto projeta os slides e filmes, o orador descansa, se refaz, bebe um gole de água. Sem eles, você estará em atividade e concentrado o tempo todo. Se resolver falar sem esses recursos, esteja ciente de que vai se desgastar e consumir mais energia.

HUMOR E HISTÓRIAS. De todas as recomendações que fiz, as duas mais importantes são o humor e as histórias. Dificilmente você conseguirá manter a concentração da plateia sem utilizar recursos visuais se não for bem-humorado e não souber contar histórias.
Só tome cuidado com o exagero. Histórias e gracinhas demais atrapalham. Observe ainda o tema e o objetivo da apresentação. Em alguns casos, o humor não tem lugar e as histórias precisam ser muito bem contextualizadas para não destoar.

Você não é obrigado a usar ou deixar de usar os recursos visuais. O sucesso ou fracasso da apresentação será sempre responsabilidade sua. Por isso, avalie bem antes de decidir. Se, entretanto, não havia nem passado pela sua cabeça falar sem esse apoio, vale a pena refletir sobre o assunto. Sem contar que, por mais simples que possa ser a elaboração de elementos visuais, sempre consome tempo. Para quem só tem 29 minutos pela frente, dispensar esse recurso ou pelo menos diminuir a quantidade de telas pode significar a economia de minutos preciosos.

Quem sabe você não encontra nessa mudança o resultado que está procurando para melhorar suas apresentações? Considere também que nada precisa ser definitivo. Faça o teste. Se estiver inseguro, deixe tudo montado para uma emergência. Se sozinho você não estiver dando conta do recado, os recursos visuais estarão lá para socorrê-lo.

PARA LER EM MENOS DE UM MINUTO

- Pense na possibilidade de falar sem o apoio de recursos visuais.
- Observe os bons palestrantes que falam sem o apoio desses recursos. Você vai constatar que para substituir o show das projeções eles usam com mais ênfase o humor, as histórias, as novidades, a interpretação espetacular, as pausas expressivas e a movimentação física.
- Comece falando sem elementos visuais em apresentações curtas.
- No início, apenas reduza a quantidade de aparatos visuais. Não encare essa decisão como tudo ou nada.

Você pode manter uma boa interação com os ouvintes e obter ótimos resultados apenas reduzindo a quantidade de telas. Só elimine totalmente os recursos visuais quando tiver certeza de que seu desempenho pode substituir o espetáculo das projeções.
- Descubra e aperfeiçoe o que você sabe fazer de melhor para cativar o público.

21 Não seja prolixo. Fale com objetividade.

Você é prolixo? Consome um tempo enorme para dizer o que poderia ser comunicado rapidamente? Entenda as razões que o levam a falar tanto e encontre o caminho para se livrar desse problema tão grave numa época em que as pessoas não têm tempo e, às vezes, nem paciência para ouvir conversas prolongadas.

A vaidade intelectual é o que, na maioria das vezes, torna alguém prolixo. Alguns indivíduos não resistem à tentação de mostrar seus conhecimentos e revelar seu brilho intelectual. Basta o tema ter pelo menos uma remota ligação com algo que dominam, e eles não terão nenhum escrúpulo para despejar todo esse conhecimento na mensagem.

A conversa, ou apresentação, fica parecida com uma árvore, com galhos em todas as direções. Segue determinado rumo e muda a trajetória no meio do caminho para incluir uma nova informação, em seguida outra, depois mais uma, de tal forma que os ouvintes não conseguem mais acompanhar o raciocínio. Às vezes, nem mesmo aquele que fala consegue se organizar.

No entanto, falar com objetividade não significa necessariamente falar pouco, mas sim falar tudo o que é preciso, conquistando o que deseja no menor tempo possível.

Para você aprender a ser objetivo, relacionei 10 dicas bem práticas. São orientações simples que vão ajudá-lo a se preparar em poucos minutos.

1 – DELIMITE O ASSUNTO. De maneira geral, os assuntos são abrangentes e compostos de diversos aspectos. Por isso, para ser objetivo é importante saber que aspecto é mais relevante para a exposição que deseja fazer.

2 – SELECIONE OS ARGUMENTOS IMPORTANTES. Para ser objetivo é preciso incluir apenas os argumentos de maior relevância, deixando de lado os que considerar frágeis ou inconsistentes.

3 – NÃO REPITA ARGUMENTO. Por mais importante que seja o argumento, reprima o ímpeto de repeti-lo muitas vezes. Além de correr o risco de enfraquecer a linha de argumentação, você poderá ser visto como prolixo.

4 – CONTE QUAL É O ASSUNTO. Revele logo no início qual o assunto e o resultado da sua exposição. Para parecer objetivo, você não pode guardar segredinhos da plateia – quanto antes falar sobre as conclusões às quais vai chegar, melhor.

5 – ESCLAREÇA QUAL PROBLEMA PRETENDE SOLUCIONAR. Uma ou duas frases bastam para informar de modo compreensível qual o objeto da resolução a ser proposta. Se o assunto for novo para a plateia, talvez haja necessidade de um rápido histórico.

6 – APRESENTE A SOLUÇÃO. Sem repetir o problema já levantado, apresente a solução. Neste momento, evite divagar; seja direto na exposição dos argumentos.

7 – USE UMA ILUSTRAÇÃO. Se precisar esclarecer a solução apresentada, use uma ilustração. Evite, entretanto, fábulas e parábolas; prefira histórias concretas, da vida corporativa. Elas servem como argumento e dão objetividade.

8 – SEJA BREVE NA INTRODUÇÃO. Agradecer a presença das pessoas ou o convite que recebeu para falar é uma maneira simples e eficiente de iniciar. Como você precisa passar a ideia de que será objetivo, diga logo no princípio, também, que será rápido em suas explanações.

9 – SEJA MAIS BREVE AINDA NA CONCLUSÃO. Depois de finalizada a apresentação, não volte aos pontos já abordados; parta imediatamente para a conclusão. Uma ótima expressão para concluir é "Eu espero que...". A partir daí, você pode pedir a reflexão ou a ação dos ouvintes.

10 – PAREÇA OBJETIVO. Ser objetivo é importante, mas *parecer* objetivo talvez ajude ainda mais. Por isso, não se preocupe só em falar pouco; foque em conseguir, no menor tempo possível, tudo o que deseja. Mesmo que para isso seja necessário falar um pouco mais.

PARA LER EM MENOS DE UM MINUTO

- Conte logo no início o resultado da sua apresentação. Essa é uma atitude importante para demonstrar que deseja mesmo ser objetivo.
- Use histórias verdadeiras da vida corporativa para ilustrar o que você diz. Exemplos extraídos da própria atividade e dos negócios reforçam a linha de argumentação, dão objetividade e ajudam a esclarecer a mensagem.
- Logo no início prometa ser breve. E procure cumprir esta promessa. Mesmo que não haja resistência dos

ouvintes, eles gostam de saber que a apresentação não consumirá muito tempo.
- Não inclua informações desnecessárias só para mostrar conhecimento.
- Seja breve, mas não se preocupe apenas em falar pouco. Ser objetivo não significa necessariamente falar pouco, mas sim falar tudo o que for preciso para conquistar, no menor tempo possível, o que deseja.

22 Cinco regras para ser bom de papo

Para ser bom de papo, você pode seguir cinco regras bastante simples. Se o tempo permitir, acompanhe o diálogo hipotético a seguir. Porém, se precisa conversar com alguém em breve, aproveite seus 29 minutos e vá direto para a primeira regra.

Diálogo hipotético:
– Sou ruinzinho de conversa.
– Ruinzinho como?
– Ah, ninguém presta atenção no que eu falo.
– E o que você fala é interessante? Você ouviria alguém que fala como você?
– Sei lá. Acho que todo mundo conversa do mesmo jeito. Nunca pensei nisso.
– Então, vamos ver se você segue as cinco regras básicas da boa conversa.
– Ué, e desde quando conversa tem cinco regras básicas?

PRIMEIRA REGRA: VOCÊ SABE OUVIR?
– Ah, pare com isso! Ouvir é só... ouvir. Às vezes não presto atenção, mas ouço.
– Pois é, ouvir não é só ficar olhando para o interlocutor com cara de coruja. É preciso dar sinais de que você acompanha a conversa, como acenar com a cabeça, com leves movimentos da

sobrancelha, para mostrar surpresa, solidariedade, expectativa. Além disso, use palavras e expressões de estímulo, como "é mesmo?", "e aí?", "não acredito!". Tenha cuidado para não demonstrar que não vê a hora de o interlocutor terminar de falar para você dizer o que deseja.

– Entendi. Estou reprovado na primeira regra. E a segunda?

SEGUNDA REGRA: VOCÊ SABE CONTAR HISTÓRIAS CURTAS E INTERESSANTES?

– Posso afirmar com toda certeza: não.

– Então, comece a colecionar histórias curtas e interessantes. Anote em um caderninho para poder se lembrar sempre. Toda vez que ouvir uma boa história, registre. E conte-a logo em seguida para alguém. Assim, além de aperfeiçoar a narrativa, será mais fácil guardá-la. Esteja sempre antenado sobre música, literatura, arte, turismo, cinema e esportes. São temas que geralmente agradam. Atenção para não falar demais! Gente prolixa é insuportável. Também não queira sair por aí dando aula, como se fosse um professor. Ninguém aguenta gente sabichona.

– Isso dá para fazer. E a terceira regra?

TERCEIRA REGRA: VOCÊ É ESPIRITUOSO, BEM-HUMORADO?

– Às vezes. Tenho preguiça de fazer brincadeiras.

– Você não precisa e nem deve bancar o bobo da corte. Mas uma conversa interessante deve ser regada com a leveza das tiradas espirituosas. Vale a pena treinar. Funciona principalmente a autogozação. Algumas pessoas ficam sem graça e até chatas quando tentam brincar. Se, depois de algumas experiências, você perceber que esse é o seu caso, é melhor não arriscar. Deixe as gracinhas de lado.

– Vou tentar. Acho que posso ser um pouco mais leve e bem-humorado.

QUARTA REGRA: VOCÊ SABE FAZER PERGUNTAS?

– E desde quando tem jeito certo de fazer pergunta?

– É a segunda regra mais importante da boa conversa. Quem não sabe perguntar não consegue manter conversas interessantes. Há dois tipos de perguntas: as fechadas e as abertas. Fazemos perguntas fechadas para iniciar uma conversa ou para mudar o rumo do assunto. Por exemplo, "Quem?" ("O Zé Roberto"), "Quando?" ("No começo do ano"), "Onde?" ("No restaurante vegetariano"). Observe como as perguntas fechadas motivam respostas rápidas e objetivas.

– E as perguntas abertas?

– Elas instigam o interlocutor a falar mais. Por exemplo, "Como?", "Por quê?", "De que maneira?". Note que as perguntas abertas não permitem apenas sim ou não, certo ou errado como respostas. Elas forçam a pessoa a elaborar mais o raciocínio.

– E qual é a regra mais importante? Você disse que saber fazer perguntas era a segunda mais importante.

– Opa, criei expectativa em você. Falando nisso, não mencionei como uma das regras, mas criar expectativa é um recurso que você também pode acrescentar ao pacote.

– Sim, você aguçou minha curiosidade, qual é a regra mais importante?

QUINTA REGRA: VOCÊ SE INTERESSA REALMENTE PELA PESSOA COM QUEM ESTÁ FALANDO?

– Ah, nem sempre, por quê?

– Esta é a regra mais importante. Tenha interesse verdadeiro pelas pessoas. Por mais que você interprete, finja gostar ou se importar, chega um momento em que o interlocutor percebe que você não está sendo autêntico. Descobre que está tentando apenas ser político. Aí a conversa boa acabou. Só vão falar com você se quiserem tirar algum tipo de vantagem. Para se relacionar bem, é preciso ter esse interesse genuíno, sem fingimentos.

– Tem razão. Seguir essas regras não parece tão difícil. A maioria delas já conheço, só precisava ser alertado. Agora é só praticar.

PARA LER EM MENOS DE UM MINUTO

- Seja natural. Essa é uma das regras mais importantes para quem deseja conversar bem.
- Demonstre ouvir com interesse. Use expressões fisionômicas ou palavras indicativas de que acompanha e se interessa pela conversa.
- Aprenda a contar histórias curtas e interessantes. Essa é uma combinação importante, pois, numa boa conversa, de maneira geral, não adianta a história ser curta se não for interessante, nem ser interessante se não for curta.
- Desenvolva seu lado espirituoso e bem-humorado. Esses recursos tornam as conversas atraentes e instigantes.
- Faça perguntas fechadas ("quem?", "onde?", "quando?") ou abertas ("por quê?","como?", "de que maneira?"), dependendo do rumo que deseja dar à conversa.
- Tenha interesse verdadeiro pelas pessoas com quem conversa.

23 Aprenda a puxar conversa no elevador

Estabelecer contato com gente importante é difícil. Essas pessoas são muito ocupadas e vivem cercadas de secretárias e assistentes que atuam como verdadeiros cães de guarda. O mais complicado da história é que, se você tiver algum negócio de peso para resolver, só elas poderão decidir.

Por isso, um contato inesperado fora do quartel-general onde os mandachuvas costumam se alojar pode significar a solução de meses de tentativas malsucedidas. Tudo fica muito simples na teoria, não é? É fácil dizer "Vá lá e fale com a fera". Entretanto, quando chega a hora de enfrentar o dragão, é preciso ter peito. Diria mais, peito e técnica. Você, que está tão interessado em aprender como falar em até 29 minutos, vai descobrir de que forma proceder para transmitir em pouco tempo uma mensagem completa.

Só como exemplo, imagine estar no avião onde também viaja aquela pessoa importante que pode influenciar na aprovação de um grande projeto que exigiu muita dedicação da sua equipe. O contato tem que ser muito rápido, logo após o embarque ou no momento do desembarque, ao passar pela poltrona em que ela está sentada. Nenhuma palavra poderá ser desperdiçada, pois o tiro precisa ser certeiro.

É a realidade. Quem toma decisões importantes quase sempre é muito ocupado e não tem tempo para ouvir demoradamente uma proposta, por mais relevante que ela seja. E sabe onde essa comunicação rápida, objetiva, direta e encantadora pode ser treinada e aperfeiçoada? Entre as diversas opções disponíveis, uma das mais práticas, eficientes e, por que não dizer, estranhas é: no elevador.

Nem todo mundo gosta de falar no elevador. Alguns até se esquivam dessas situações. Inicialmente protegem seu espaço, mantendo a maior distância possível dos outros passageiros. Começam a se instalar nos cantos e só usam o espaço central quando todo o perímetro já foi ocupado. Olham no rosto dos demais somente no momento de cumprimentar e depois desviam os olhos para outros pontos daquele restrito recinto ou sacam o celular para ter com o que se entreter.

Talvez por causa do constrangimento quase generalizado que se observa nos elevadores alguns estudiosos da etiqueta comportamental aconselham a não falar nesse local. Entretanto, para o nosso objetivo, que é desenvolver técnicas para comunicar mensagens completas e importantes em alguns segundos, vamos rasgar as cartilhas da etiqueta e fazer do elevador nosso campo de treinamento.

Se você conseguir iniciar, desenvolver e concluir uma conversa agradável, simpática e cativante dentro do elevador – no percurso entre quatro ou cinco andares –, estará apto a falar com quem quer que seja dentro de um avião, no saguão de um aeroporto, em um restaurante ou na fila do cinema para, assim, atingir seus objetivos.

Para começar, cumprimente. Embora alguns, assim que entram no elevador, cumprimentem os outros passageiros, a verdade é que nem todos têm essa atitude educada e cordial. Os que cumprimentam, de forma geral, o fazem com reservas e sem simpatia. Não estou sugerindo que alguém banque o palhaço e fique tagarelando. Esse comportamento é inconveniente e pode ser encarado como atitude desrespeitosa. As pessoas talvez sintam que estão tendo sua privacidade invadida.

Começar é o mais complicado. Depois do cumprimento, você precisa iniciar rapidamente a conversa, até porque o tempo é curto e qualquer hesitação pode fazer as pessoas se desviarem e levantarem barreiras para sua aproximação. Os comentários casuais são os mais eficientes porque caracterizam a sequência natural de uma conversa. Assim, se perceber uma sacola de compras na mão do outro passageiro, evite perguntar se ele foi ao supermercado. Tome o fato como consumado e revele, por exemplo, como você tem se surpreendido com o aumento de preços de alguns produtos ou como a qualidade de alguns itens vendidos pelos supermercados tem melhorado. Fazer comentários sobre objetos que a pessoa está carregando é a primeira dica para iniciar a conversa.

Quando as pessoas estão saindo ou chegando, é comum carregarem algum tipo de objeto, como sacolas de supermercados, livros, revistas, aparelhos, enfim, coisas do dia a dia. Ao comentar sobre esses objetos, você indicará ao interlocutor que possuem informações comuns.

Se, depois do seu comentário, a pessoa não der continuidade à conversa, aí sim faça uma pergunta relacionada ao tema para estimulá-la a falar. Por exemplo, se você confessou já ter lido alguns livros do Cesar Romão, mas ainda não ter tido a oportunidade de ler aquele específico que a pessoa está levando, e mesmo assim ela continuou calada, pode perguntar se ela está gostando da história.

Use as crianças como tema para motivar um início de conversa no elevador. Se elas estiverem, ali dentro, cansadas ou com sono, você pode comentar como é difícil para elas aguentar o corre-corre cotidiano. Se estiverem serelepes, é possível falar da sua energia e disposição. Se estiverem vestidas para festa, diga como ficam bonitas com esse tipo de roupa.

Evite fazer o comentário ou dirigir a pergunta para a própria criança, pois geralmente elas ficam arredias ou tímidas e, no lugar da resposta, coçam a cabeça e resmungam irritadas. Fale sobre elas com os pais ou com quem as estiver acompanhando.

Atenção: se os pais estiverem repreendendo os filhos, ou se estes estiverem chorando por qualquer motivo, é melhor apenas sorrir, demonstrando simpatia e compreensão, e ficar quieto. Guarde a conversa para o próximo que entrar no elevador.

O horário de refeição pode proporcionar bons comentários. Você pode dizer, por exemplo, que depois de um dia intenso de trabalho, com o frio que está fazendo, nada como uma sopinha com pão para recuperar o ânimo, ou, se estiver muito calor, nada como uma boa salada para dar uma refrescada e se sentir leve.

No fim de semana, não falha: sempre tem alguém chegando com uma caixa de pizza, prontinho para devorá-la. Falar desse troféu domingueiro é uma das melhores maneiras de tocar no assunto de seu interesse.

Quando alguém entra no elevador carregando um ramalhete, fale do seu gosto por rosas, cravos, orquídeas. Diga que não tem encontrado flores tão bonitas e não pergunte se é dia de festa ou se é algum presente romântico. As pessoas costumam ficar constrangidas.

Existe esse constrangimento natural das pessoas quando estão no elevador, mas há também aquelas situações em que a contrariedade ocorreria em qualquer circunstância. Fique atento para perceber essas reações e não fazer comentários ou perguntas inconsequentes.

Afora esses casos especiais, não vacile, vá em frente, aprenda a conversar no elevador e a esgotar assuntos em pouco tempo. Essa habilidade bem treinada ajudará muito quando você precisar falar rapidamente em qualquer situação e irá projetá-lo como uma pessoa simpática, espirituosa e comunicativa.

PARA LER EM MENOS DE UM MINUTO

- Quando entrar no elevador, cumprimente os passageiros. Um cumprimento simpático pode tornar as pessoas mais receptivas.
- Fale sobre os objetos que elas estão levando. Sacolas de supermercados, livros e aparelhos eletrônicos são itens que ajudam a iniciar uma conversa.
- Comente sobre as flores, mas sem perguntar quem será ou foi presenteado.
- Converse sobre o comportamento das crianças acompanhadas dos adultos. Talvez não exista nada melhor para entabular uma conversa do que fazer comentários sobre as crianças. As resistências desaparecem como por encanto quando alguém faz referência a elas. Não é recomendável perguntar algo diretamente aos pequenos, que, em geral, ficam arredios diante de estranhos.
- Se as pessoas não estiverem de bom humor, dificilmente haverá clima para uma conversa; prefira ficar quieto.

24 Quem manda são os ouvintes

Você já deve ter ouvido falar que Garrincha foi tão ingênuo quanto bom de bola. Jogador irreverente, brincalhão, com aparência de quem sempre estava na dele, levou a vida como se nunca tivesse crescido, com um jeito de menino despreocupado e mais ou menos desligado do mundo.

Foi assim, comportando-se como se pertencesse a outro planeta, que protagonizou histórias que se imortalizaram. Uma das mais conhecidas aconteceu em 1958, durante a Copa do Mundo na Suécia, e é sempre usada como ilustração para explicar as deficiências de concepção dos planos estratégicos.

Pouco antes da partida contra a União Soviética, o técnico Feola montou uma tática que julgava perfeita para vencer o jogo. Era algo parecido com orientar o Garrincha para driblar uns dois ou três jogadores da defesa adversária, cruzar na cabeça de um atacante brasileiro e sair para o abraço comemorando o gol.

Garrincha ouviu com bastante atenção e no final fez a pergunta mais óbvia e lúcida que alguém poderia ter feito: "O senhor já combinou com o adversário para deixar a gente fazer tudo isso?"

Na comunicação, não é muito diferente. Alguns oradores montam as apresentações sem levar em conta a ação dos ouvintes, como se eles fossem se comportar da forma mais favorável. São momentos em que a mesma pergunta poderia ser feita: "Você combinou com a plateia?"

Ao planejar uma apresentação, considere em primeiro lugar as características predominantes dos ouvintes. Falo predominantes porque é muito difícil encontrar uma plateia homogênea. Entretanto, por mais diferentes que sejam as pessoas, sempre é possível perceber pontos comuns. São essas características que você precisa levar em conta.

Você não pode falar para uma plateia constituída de pessoas incultas da mesma maneira que se comunica com um grupo de nível intelectual elevado. A comunicação com ouvintes jovens também não pode ser a mesma usada com ouvintes adultos. Assim como precisa ser distinta se o público-alvo for composto de especialistas em determinada matéria ou de leigos.

Cada uma dessas características exigirá de você um comportamento adequado. Se o público tiver nível intelectual baixo, fale de forma simples e clara sempre que possível, usando ilustrações e metáforas para facilitar a compreensão. Diante de pessoas mais bem preparadas, seu raciocínio pode ser mais complexo.

Se a plateia for jovem, você obterá melhores resultados se falar de planos, do futuro, se acenar com propostas associadas ao amanhã. Por outro lado, se o público for constituído de pessoas com idade mais avançada, suas chances de vitória serão ampliadas se desenvolver o raciocínio e a linha de argumentação com apoio nas informações do passado.

Analise bem a experiência e o conhecimento do público. Se os ouvintes conhecerem bem o assunto, vá fundo e use tudo o que souber sobre a matéria. Se forem leigos, caminhe na superfície e dê explicações básicas, elementares.

Além de identificar as características predominantes da plateia, saiba também quais são as aspirações do grupo que irá ouvi-lo. O que as pessoas desejam? Querem ter dinheiro, segurança, prestígio, destaque social, harmonia familiar, poder? O fracasso baterá à sua porta se, por exemplo, você oferecer dinheiro e rentabilidade a indivíduos interessados apenas em segurança. Também poderá ser malsucedido se prometer só segurança a ouvintes que estão atrás de rentabilidade.

Como você não vai poder combinar os lances do jogo com o adversário, altere a tática de acordo com o andamento da partida. Assim, depois de ter estudado bem todos esses aspectos referentes aos ouvintes, fique atento para verificar se as previsões que fez sobre as características e os interesses das pessoas estão corretas.

Se perceber que algum dado não se encaixa com a realidade, altere o esquema, faça as adaptações necessárias até que a mensagem e a maneira de apresentá-la estejam em sintonia com o público. Aí, sim, poderá comemorar a vitória e partir para o abraço.

PARA LER EM MENOS DE UM MINUTO

- Obtenha todas as informações que puder sobre os ouvintes. Você pode levantar esses dados com antecedência ou pouco antes da apresentação, perguntando ao organizador do evento.
- Planeje suas apresentações de acordo com a plateia. Se o público for predominantemente jovem, fale do futuro, de planos, de desafios. Se for predominantemente idoso, fale do passado, de experiências que possam ter vivido.
- Não trate assuntos com profundidade se os ouvintes forem leigos na matéria. Da mesma forma, não aborde o assunto superficialmente se a plateia for constituída de especialistas.

- Às vezes há necessidade de fazer adaptações de acordo com as reações e as características não previstas dos ouvintes. Por mais bem planejada que seja uma apresentação, quase sempre será preciso efetuar mudanças no plano inicial.

25 Ruídos que matam a comunicação

Para ter sucesso com a comunicação e aproveitar bem os 29 minutos de que dispõe para se preparar, é importante você afastar alguns vícios que funcionam como ruídos indesejáveis. Como o fato de ter consciência desses vícios ajuda a reduzi-los, vale a pena saber quais são.

Os mais conhecidos são "né?", "tá?", "ok?", "certo?" no final das frases; há também os "ãããããã", "ééééé" nas pausas; os desagradáveis "bem", "bom", "ãããããã" no início dos discursos e palestras; e o "então" democrático, que não escolhe lugar e aparece em vários pontos das apresentações, do início à conclusão.

Mencionei essa relação só para citar os mais comuns. Posso acrescentar uma boa dezena de outros vícios que prejudicam o resultado de suas apresentações e podem até atuar como entraves no desempenho e desenvolvimento da sua carreira. Fique atento, porque sempre surge um novo vício que imediatamente se alastra como epidemia.

A história a seguir é curiosa. Certa vez participei do evento "Jornada de Comunicação", em Olinda, Pernambuco. Fiz uma palestra sobre comunicação oral, pela manhã. Meu amigo Pasquale Cipro Neto tratou da comunicação escrita, no período da tarde.

Durante o almoço, Pasquale me chamou a atenção para um fato curioso: "Polito, você percebeu que a turma desta região não usa o 'gerundismo'?" Passei a prestar mais atenção às conversas e fiquei impressionado; ele tinha razão, o gerundismo não havia chegado àquelas bandas.

Oito meses depois, a mesma instituição que havia promovido aquela jornada me convidou para dar duas aulas inaugurais na faculdade de comunicação. Nos dois dias em que perambulei por aquela cidade de sonho, pude conviver e conversar um pouco mais com os alunos, não só os de comunicação, como também os de direito e de outras áreas.

Tristeza. A praga do gerundismo já havia contaminado a garotada. O tempo todo eu ouvia "vou estar mandando", "vou estar fazendo". Parecia um processo de imitação, como se falar daquela maneira creditasse aos estudantes uma espécie de status de modernidade.

Embora sinta ser uma luta difícil, não desisto. Durante minhas aulas, tenho corrigido os alunos de maneira insistente. Consigo bons resultados enviando bilhetinhos para que observem essa forma desagradável de comunicação nos vídeos em que estão gravadas suas apresentações.

Sei que há uma corrente que defende o uso do gerundismo como um processo natural da língua, que é viva e se transforma. Alguns até pedem que se apresente argumentação gramatical para condenar seu uso. E que não vale dizer apenas que é "feio" ou "deselegante".

Outros acusam de preconceituosos aqueles que criticam o gerundismo. Não gosto. Independentemente das explicações, fruto ou não de preconceito, a chance de você sair prejudicado ao utilizar o gerundismo é enorme. Há formas mais adequadas e elegantes de se expressar.

É preciso ter cuidado também com alguns modismos que se instalam, sem cerimônia, na comunicação. É o caso do irritante "tipo assim". É ainda mais desagradável quando utilizado por adultos que pretendem parecer mais jovens.

Mas nos últimos tempos surgiu um novo e irritante vício: o de dizer "na verdade". Preste atenção e constate como muitas pessoas utilizam com frequência essa expressão. Algumas conseguem encaixá-la em todas as frases. Como tenho analisado com interesse a evolução deste vício, fiquei impressionado com seu rápido crescimento.

Assim como o gerundismo, o "na verdade" também pode ser um ruído e até prejudicar o resultado da comunicação de qualquer profissional, transformando-se em obstáculo ao seu desenvolvimento.

Fique atento à sua maneira de se expressar. Se estiver repetindo demais o "na verdade", comece a retirar tal vício da sua comunicação. Deixe essa expressão apenas para reforçar e redirecionar o sentido da mensagem.

PARA LER EM MENOS DE UM MINUTO

- Elimine o gerundismo da sua comunicação. Há formas mais elegantes de se expressar.
- Afaste os "né?", "tá?", "ok?" e outros vícios do final das frases.
- Combata também o vício de dizer "ãããããã", "éééééé" nas pausas. Para isso, é preciso esperar em silêncio até que a palavra surja.
- Evite ainda o excesso de "então" e "na verdade".
- Cuidado com alguns modismos que chegam e se instalam, sem cerimônia, na comunicação. É o caso do irritante "tipo assim". É ainda mais desagradável quando utilizado por adultos que lançam mão desses artifícios para parecerem mais jovens.

- Não é proibido usar "né?", "tá?", "na verdade", "então" e outros, desde que sem exagero e dentro do contexto da comunicação.

26 Seja um comunicador irresistível

Chega a ser incompreensível. Por mais que você procure uma explicação, é difícil encontrá-la. Afinal, por que algumas pessoas conseguem ser tão sedutoras ao falar? Essa é uma reflexão interessante, que não toma muito tempo e dá um norte para você saber o que torna uma apresentação irresistível.

Bem, dizem que a beleza física de quem conversa ou fala em público é fundamental para ser aceito e admirado pelos ouvintes. Talvez essa seja uma boa explicação, pois os mais afortunados pela natureza costumam falar que o velho ditado "beleza não põe mesa" é desculpa de gente feia.

Entretanto, há muita gente que passa longe de ter um perfil de Adônis e ainda assim empolga todos ao redor. Portanto, vamos riscar da relação esse aspecto estético, porque a história está repleta de pessoas que, mesmo sem o predicado da beleza, tiveram ou têm sucesso ao se comunicar.

Se a aparência de galã ou de modelo não influencia muito para ser vitorioso na comunicação, talvez a explicação para a carreira bem-sucedida de alguns oradores esteja no profundo conhecimento que possuem sobre o tema da apresentação.

Ah, agora sim temos um motivo relevante! É sabido que ter domínio sobre o assunto é um dos requisitos fundamentais para conquistar as pessoas e persuadi-las a agir de acordo com a proposta do orador.

Entretanto, será que ter domínio é suficiente? Por mais que detestemos reconhecer, gente que convive conosco, especialmente na vida corporativa, dotada de pouco conhecimento sobre o que fala, está o tempo todo recebendo cumprimentos daqueles que dirigem a organização.

Inveja, inveja, inveja, poderiam dizer alguns. Mas não há inveja nenhuma nessa história; estamos aqui constatando os fatos à nossa volta. Vamos continuar a procurar os motivos do sucesso desses comunicadores.

Deve ser a voz. Só pode ser a voz. Um homem, ou uma mulher, com voz melodiosa, com bom timbre e sonora está a um tiquinho de tocar o coração dos ouvintes. Afinal, quando falam, parecem estar entoando uma bonita canção.

Se for verdade, como explicar aqueles oradores que conquistam multidões falando com uma voz que está a anos-luz da de Plácido Domingo? Quer exemplos? Há aos borbotões.

Deixe de lado a simpatia ou antipatia que nutre por certos políticos e pense nos milhões de votos conquistados por alguns deles, donos de vozes que não são consideradas bonitas pelos padrões.

Você já deve ter deduzido que a boa comunicação não é constituída apenas de um ingrediente, mas da conjugação de uma série de fatores que ajudam a envolver e conquistar as pessoas.

Infelizmente não é possível vestir o manto do mago Merlim, juntar num caldeirão fumegante algumas penas de pavão (eu me recuso a acreditar que o velho bruxo, com aquela cara de vovô bonzinho, usasse unhas de urubu) e num passe de mágica se transformar num orador perfeito, com desempenho exemplar.

Para desenvolver uma excelente comunicação, além de alguns desses fatores que acabamos de analisar, é preciso considerar vários outros que se associam e se complementam. E, para estabelecer essa conjugação, você vai precisar de dedicação, empenho e determinação.

A boa notícia é que todos, sem exceção, independentemente do nível de comunicação que possuem hoje e do tipo de dificuldade que encontram para se expressar diante das pessoas, poderão falar bem se estiverem dispostos a perseguir esse objetivo.

Sua voz não precisa ser bonita, mas deve ter personalidade, para passar credibilidade. Use um volume apropriado ao ambiente, de modo que todos possam ouvi-lo sem dificuldade. Imprima um ritmo agradável, alternando a velocidade da fala e o volume da voz.

Em pé ou sentado, mantenha uma postura correta, elegante, sem afetação. Gesticule na medida certa, sem excessos. O semblante deve ser expressivo, para complementar a mensagem e demonstrar coerência com o significado das palavras.

Desenvolva um vocabulário amplo, que transmita suas ideias com facilidade. Evite usar expressões vulgares e elimine os vícios que truncam o pensamento, como os conhecidos "né?", "tá?", "ok?", sobre os quais já falamos no capítulo anterior.

Escolha um tema sobre o qual tenha domínio e que desperte o interesse dos ouvintes. Leve em conta a expectativa das pessoas e as características do grupo. Avalie especialmente o nível cultural, o conhecimento dos ouvintes sobre o assunto e a faixa etária predominante.

Ordene a exposição com início, preparação, desenvolvimento e conclusão. Na introdução, conquiste a plateia; na preparação, explique o que vai apresentar; no desenvolvimento, transmita a mensagem e, na conclusão, peça a reflexão ou a ação dos ouvintes.

E seja simpático. Se você se apresentar com simpatia, sua imagem será positiva para os ouvintes. Às vezes, as pessoas podem até se esquecer da mensagem, mas lembram para sempre da simpatia do orador.

Se você souber aproveitar todos esses aspectos de maneira harmoniosa e equilibrada, estará no caminho certo para ser bem-

-sucedido. Veja que, de uma forma ou de outra, esses conceitos, por serem muito importantes, são repetidos ao longo de quase todos os capítulos. Nada de novo; são exigidos somente um pouco de boa vontade, observação e uma pitada de ousadia. Ingredientes que não prejudicam seus 29 minutos de preparação.

PARA LER EM MENOS DE UM MINUTO

- Conjugue diversos aspectos da comunicação para ser bem-sucedido. É importante haver harmonia entre voz, vocabulário, expressão corporal, conteúdo e organização do raciocínio.
- Sua voz precisa ter personalidade, mesmo que ela não seja muito bonita. Fale num bom volume, pronuncie bem as palavras e mantenha um ritmo agradável, alternando o volume da voz e a velocidade da fala.
- Tenha um vocabulário amplo, para dar fluência à fala. Evite palavrões, gírias e os vícios como "tá?" e "né?". Não se preocupe em falar com termos incomuns. Reserve o palavreado técnico apenas para falar com quem atue na mesma atividade.
- Procure gesticular de forma moderada. Lembre-se de que é melhor a falta que o excesso.
- Seja simpático e mantenha o semblante expressivo. Se o momento permitir, sorria.

27 Como conquistar os ouvintes

Você sabia que, se as pessoas não estiverem prestando atenção em suas palavras, provavelmente a culpa é sua? Salvo uma ou outra exceção, não existe ouvinte desinteressado, mas orador desinteressante.

"Entendi, Polito. Preciso ser interessante para atrair a atenção e manter a concentração dos ouvintes. Mas como devo agir e por onde começo?" Para responder a esta questão, vamos analisar as técnicas usadas pelos camelôs.

De maneira geral, são pessoas com pouca ou nenhuma formação escolar, que passam o dia tentando reunir grupos de curiosos para vender a eles o que quer que tenham em mãos. Você verá que as minhas próximas sugestões já foram mencionadas em diferentes partes deste livro. Será apenas uma nova abordagem, para que você possa revisá-las e compreendê-las melhor.

Para aprimorar sua comunicação verbal, você precisa aprender um pouco com cada um desses guerreiros do dia a dia, que usam o que sabem fazer de melhor para dar seu espetáculo e, assim, atingir seus objetivos.

É o espetáculo que torna o conteúdo atraente. Se você se preocupa apenas com o conteúdo da mensagem, imaginando que só com esse ingrediente conquistará os ouvintes, se engana. Observe os palestrantes que vivem com a agenda tomada. Todos vão para o palco prontos para comandar um verdadeiro show. Provocam risos, arrancam lágrimas, mexem com as emoções dos ouvintes, fazem tudo o que podem para a plateia não ficar desinteressada nem cair na apatia.

É assim também que os camelôs tocam o trabalho deles. Precisam atrair a atenção das pessoas e seduzi-las para que comprem as mercadorias que eles vendem. Se se preocupassem somente em destacar as qualidades dos produtos, possivelmente voltariam para casa de mãos abanando. É questão de sobrevivência: ou vendem e garantem o dinheiro de que necessitam para manter a família, ou terminam o dia sem ter nem o que comer. Temos muito que aprender com esses heróis das ruas.

Certa vez participei de uma matéria na TV Cultura sobre a atividade dos camelôs. Atuando como repórter, fui até o centro antigo de São Paulo para entrevistá-los e tentar descobrir um pouco sobre suas estratégias de comunicação. Fiquei surpreso e muito impressionado com o conhecimento que possuem sobre a arte de falar!

Um deles me contou a tática que utiliza para chamar a atenção das pessoas, que passam sempre apressadas. Ele usa a força da voz para pronunciar algumas frases de impacto. Dessa forma, os transeuntes ficam curiosos e param para ver o que está acontecendo. Esse é um ótimo recurso para introduzirmos no nosso show. Especialmente nos casos em que os ouvintes se mostram dispersos, alheios e desligados; algumas frases com informações que provocam impacto podem deixá-los curiosos e interessados no que temos a dizer.

O segundo camelô que entrevistei me disse que sua maior preocupação era com o comportamento e com a reação das pessoas. Assim que percebia os primeiros sinais de desatenção – por exemplo, se passassem a olhar para o chão ou para os lados, a movimentar muito a cabeça ou mudar com frequência o apoio do corpo, ora sobre uma perna, ora sobre outra –, estava na hora de contar uma história instigante, curiosa, para trazer o pensamento de volta. Ele me confidenciou que nada poderia ser pior do que perder a atenção dos ouvintes. Por isso, se a história não funcionasse, não hesitava em usar sua arma secreta: colocava a Catarina na roda. Catarina era uma cobra enorme, que havia sido treinada para fumar. Não dava outra: ninguém batia em retirada enquanto Catarina dava suas baforadas.

Não se iluda: por melhor que seja sua mensagem, depois de algum tempo – questão de poucos minutos – o ouvinte cria um foco de atenção viciado e, sem querer, passa a ter dificuldade de se manter concentrado em suas palavras. Uma história curta, atraente, na hora em que o público começa a perder a atenção, é a chave para ele voltar a se concentrar na sua mensagem.

Finalmente, a descoberta mais surpreendente: o terceiro camelô que entrevistei revelou que, depois da aplicação de toda essa estratégia – contar histórias engraçadas, fazer o público rir ou chorar –, introduzia nas trincheiras adversárias os serviços do "agá". O "agá" atua como cúmplice do camelô. Ele fica no meio das pessoas como se fosse mais um entre tantos interessados. No momento certo, ele toma a iniciativa de maneira acintosa de comprar o produto do camelô.

Perguntei se essa atitude não poderia ser vista como uma espécie de trapaça. Ele não se mostrou ofendido e respondeu com toda a naturalidade: "Não se esqueça de que estamos em uma verdadeira praça de guerra e eu preciso vencer essa batalha. Acredito que um 'agazinho' bem plantado não prejudica ninguém. É só uma isca para garantir o leitinho das crianças."

Talvez você tenha que ser mais ousado e arrojado em determinadas circunstâncias para explorar todo o seu potencial de comunicação. Ponha em prática o que puder fazer melhor. Em alguns casos, falar um pouco mais alto ou mais rápido, trabalhar a fisionomia com mais expressividade ou investir em pausas mais significativas podem se transformar na chave para tornar sua comunicação mais envolvente.

Tenha sempre o cuidado de contextualizar e tornar coerentes essas modificações de comportamento, para que integrem o conjunto da exposição de maneira harmoniosa e natural e ajudem suas apresentações a serem um sucesso.

Por mais bem preparados que sejam os ouvintes e por menor que seja o público, você nunca pode deixar de mostrar algum tipo de espetáculo. Afinal, os ouvintes são seres humanos e, como tal, apreciam receber a mensagem de forma atraente e estimulante. Assim, você deve lançar mão de tudo o que estiver ao seu alcance para dar o seu show. Precisa aprender a ser cativante como um bom camelô. Tirando os exageros e guardadas as devidas proporções, esta é uma boa proposta para você ser bem-sucedido na comunicação. Nenhuma técnica nova; apenas uma rápida reflexão para saber como agir nos curtos 29 minutos que você tem para se preparar.

PARA LER EM MENOS DE UM MINUTO

- Use em público as mesmas habilidades que o tornam interessante diante dos amigos. Observe como agem os camelôs para reunir todas aquelas pessoas ao redor deles e vender os produtos que desejam.
- Aperfeiçoe o que já sabe fazer para dar um espetáculo ainda melhor. Talvez algumas competências estejam latentes, esperando uma oportunidade para serem utilizadas e melhoradas.
- Seja ousado e não tenha receio de tornar sua apresentação leve e atraente. Esse teste deve ser feito

em ambientes que não apresentem tantos riscos, como no relacionamento com amigos e familiares. Se der certo nesses locais de convivência mais íntima e informal, provavelmente dará certo também diante do público.
- Histórias, piadas e imitações são habilidades que podem ser desenvolvidas e aprimoradas com estudo, experiência e dedicação.

28 Expressões mágicas ajudam a encerrar

Como já estamos caminhando para o final do livro, é provável que seus 29 minutos estejam quase esgotados. Por isso, se estiver sem tempo para a leitura completa, vá logo aos três últimos parágrafos ou para o resumo no final deste capítulo. Depois, com calma e mais tempo, leia o texto todo.

Muitos oradores encerram suas apresentações com um vazio e inexpressivo "era isso que eu tinha a dizer; muito obrigado". Perdem assim a oportunidade de fazer uma conclusão poderosa, que leve os ouvintes a refletir ou agir de acordo com a proposta da mensagem.

Há casos em que até encerram bem, com uma mensagem adequada à conclusão, mas, pelo tom de voz, demonstram que a fala deveria ter continuidade. Ou então soltam uma das pérolas próprias de quem não tem mais nada a dizer, como "e encerro por não ter mais nada a acrescentar".

Em certas circunstâncias – raríssimas, é bom ressaltar – o uso dessas frases no final do discurso pode ser apropriado para o contexto da exposição. Se, por exemplo, na conclusão, o orador desejar afirmar que a posição que tomou é final e decisiva, essas declarações no encerramento podem demonstrar sua convicção de que nada mais precisa ser acrescentado.

De maneira geral, no entanto, a conclusão deve ser forte e coroar a qualidade da apresentação. Embora uma conclusão bem-

-feita não chegue a salvar uma péssima apresentação, o certo é que um final correto valoriza muito um bom discurso.

Algumas formas recomendadas para concluir o discurso:

- instigue uma reflexão;
- use uma citação ou uma frase poética;
- peça alguma ação;
- elogie com sinceridade os ouvintes;
- aproveite um fato bem-humorado;
- provoque arrebatamento.

Você escolherá a conclusão mais apropriada para cada tipo de apresentação, considerando sempre o objetivo de levar os ouvintes à ação ou à reflexão. Embora possa aproveitar informações nascidas no ambiente da palestra ou no próprio contexto da mensagem, tenha o cuidado de preparar com antecedência e com bastante critério o que pretende dizer no final.

Quando você terminar a apresentação e perceber pelo tom de voz que o encerramento foi inconsistente, lance mão de algumas expressões mágicas para concluir, como "assim sendo", "dessa forma", "com isso", "portanto", "espero que…". Você verá que esses recursos vão guiá-lo naturalmente a uma boa conclusão, com o tom de voz e a mensagem na medida certa para encerrar.

E, se não tiver se saído muito bem, jamais revele seu descontentamento à plateia.

PARA LER EM MENOS DE UM MINUTO

- Use o tom de voz para demonstrar que está finalizando. Para encerrar, você pode aumentar o volume

da voz e a velocidade da fala, ou, ao contrário, o que é ainda mais comum, diminuir o volume da voz e a velocidade da fala.
- Evite encerrar com expressões batidas como "era isso que eu tinha para dizer". São frases vazias, inconsistentes, que tiram o brilho da apresentação.
- Se sentir certa inconsistência na hora de encerrar, use estas palavras e expressões que levam naturalmente à conclusão: "assim sendo", "espero que...", "dessa forma", "com isso", "portanto".
- Para encerrar, utilize um ou alguns destes recursos: instigue uma reflexão, use uma citação ou uma frase poética, peça alguma ação, elogie com sinceridade os ouvintes, aproveite um fato bem-humorado, provoque arrebatamento.
- Ah, e mesmo que não tenha ido muito bem, não revele no final seu descontentamento à plateia.

29 Evite riscos e melhore suas apresentações

Meu pai foi um excelente motorista. Aprendi muito com ele. Uma das coisas que me ensinou foi que, ao dirigir à noite em uma estrada de pista simples e cruzar com outro veículo, eu não deveria olhar para a frente, na direção dos faróis, mas para a faixa divisória, pois dessa forma não teria a visão prejudicada. Uma dica maravilhosa!

Outra orientação muito boa que recebi dele: "Não olhe apenas para os três ou quatro veículos que estão à sua frente; preste atenção até onde sua vista puder alcançar. Assim, se perceber que as luzes de freio dos carros que estão centenas de metros adiante se acenderam, diminua a velocidade, pois você deverá parar em pouco tempo." Sem dúvida, uma dica nota 10!

Esses conselhos têm me ajudado muito não só a dirigir, mas também a melhorar a comunicação, pois adequei-os como boas regras na arte de falar em público. É impressionante como situações tão distintas podem apresentar pontos comuns e se revelar úteis nas mais diferentes circunstâncias.

Além de usar esses conselhos preciosos para conduzir seu carro nas estradas, você poderá adaptá-los perfeitamente para conquistar sucesso em suas propostas, seja nas apresentações internas, seja nos contatos com profissionais de outras organizações, como clientes e fornecedores.

Dentro ainda dos seus 29 minutos, veja como os bons resultados de uma apresentação dependem muito dos cuidados tomados no momento da preparação.

De maneira geral, as pessoas se preocupam em montar uma boa linha de argumentação quando precisam fazer apresentações. Escolhem com critério os bons subsídios, como as estatísticas, as pesquisas, os exemplos, os estudos técnicos e científicos, as teses defendidas e aprovadas diante de bancas avaliadoras renomadas. Enfim, preparam o melhor arsenal para a batalha.

Quase sempre, entretanto, se esquecem de observar o que meu pai me ensinou: olham para as luzes dos veículos que vêm em direção contrária e deixam de avaliar os movimentos que ocorrem mais adiante, e que, mais cedo ou mais tarde, trarão consequências.

Para que suas apresentações sejam um sucesso, tome esses dois cuidados básicos e tão importantes: não estabeleça confrontos desnecessários com os ouvintes e avalie as resistências que terá pela frente. São precauções simples, mas que não podem ser negligenciadas.

Assim, se perceber que um dos ouvintes se mostra contrariado – o veículo vindo em sua direção com os faróis acesos –, não tente digladiar com ele nesse momento. Não é hora de duelar. Não enfrente o olhar adverso; olhe-o rapidamente e dê atenção ao restante da plateia. Agindo assim, você não se escravizará a uma pessoa, tentando fazê-la mudar o comportamento resistente, nem correrá o risco de não dar atenção aos outros ouvintes, que, sem dúvida, esperam que você os considere olhando também na direção deles.

Mas fique atento para não fitar apenas o ouvinte que se mostra amistoso. Por causa da insegurança natural de falar em público, de maneira geral nos voltamos para aquele que nos dá retorno positivo, balançando afirmativamente a cabeça. Também nesse caso devemos continuar olhando para todos os que estão na plateia.

E ainda dentro da reflexão sobre o confronto com os ouvintes, só para relembrar: antes de dizer qual é sua opinião sobre um assunto que contraria a maneira de pensar de pelo menos parte do grupo, a tática é iniciar tocando nos pontos comuns, até que esses ouvintes se desarmem.

E olhar a estrada lá na frente? Tome sempre esse cuidado. Você não deve ser surpreendido com objeções previsíveis. Se conseguir antever que encontrará resistência com relação a custos, prazo de entrega, limitação de estrutura técnica, etc., peça ajuda. Discuta com seus companheiros os problemas que poderá enfrentar e as melhores saídas para cada caso.

Estando preparado, ao ser contestado você terá a resposta certa para o momento. Ouvirá o argumento contrário com mais tranquilidade, de forma mais serena, e defenderá sua tese com confiança e maiores chances de se sair vencedor. Além disso, sabendo que a resistência irá ocorrer, já poderá aos poucos minar a objeção, facilitando assim seu trabalho de defesa.

Veja que interessante: alguém só poderia refutar depois de as objeções terem sido expostas. Nesse caso, entretanto, tendo estudado as posições contrárias com antecedência, e ciente de que as objeções com certeza aparecerão, será possível enfraquecer as resistências desde o início.

Na verdade, com esse cuidado de neutralizar as defesas logo no começo da exposição, as objeções talvez nem cheguem a se manifestar. Esse procedimento poderia também impedir resistências emocionais, que surgem quando, depois de externarem sua contrariedade, as pessoas defendem posições, independentemente de terem ou não razão.

Como você não vai poder combinar os lances do jogo com o adversário, altere a tática de acordo com o andamento da partida. Assim, depois de ter estudado bem todos esses aspectos referentes aos ouvintes, fique atento para verificar se as previsões que fez sobre o comportamento e os anseios das pessoas estão corretas.

Se perceber que algum dado não se encaixa no quadro que está à sua frente, faça mudanças de percurso, de forma a ir ao encontro da nova realidade e restabelecer a sintonia com o público.

Ufa! Se você estudou só o que era imediatamente relevante, estamos dentro dos 29 minutos. Depois, com calma e mais tempo, leia tudo novamente.

PARA LER EM MENOS DE UM MINUTO

- Não olhe apenas na direção do ouvinte que se mostra resistente. Distribua o contato visual para todas as pessoas.
- Também não olhe apenas na direção do ouvinte que se mostra amistoso. Por causa da insegurança natural de falar em público, de maneira geral nos escravizamos àquele que nos dá retorno positivo, balançando afirmativamente a cabeça. Também nesse caso devemos continuar olhando para todos os que estão na plateia.
- Avalie com antecedência as objeções que poderá enfrentar e prepare a refutação adequada. Uma boa forma de prever as objeções é discutir com o grupo de trabalho quais as resistências que poderão ser encontradas. Depois, debata com seus companheiros qual a melhor saída para cada tipo de objeção.

REINALDO POLITO

Professor de Expressão Verbal, palestrante e escritor.

Mestre em Ciências da Comunicação.

Pós-graduado com especialização em Comunicação Social pela Fundação Cásper Líbero e em Administração Financeira pela FGV e pela Faculdade de Ciências Econômicas de São Paulo.

Formado em Ciências Econômicas e Administração de Empresas pela Faculdade de Ciências Econômicas de São Paulo.

Atua como professor de oratória para executivos, políticos e profissionais liberais desde 1975.

Professor de Competência Verbo-Gestual no Trabalho da Imagem Pública no curso de pós-graduação em Marketing Político, na ECA-USP.

Professor de Comunicação Oral nas Organizações nos cursos de pós-graduação em Gestão Corporativa, na ECA-USP.

Professor de Comunicação Oral nos cursos de pós-graduação – Estratégia em Comunicação Organizacional em Relações Públicas, na ECA-USP.

Professor de Oratória Corporativa nos cursos de pós-graduação da Fecap.

Foi professor de Oratória nos cursos de pós-graduação Gerente de Cidade da Faap.

Foi professor de Comunicação Verbal e Gestual no curso Máster em Tecnologia Educacional para os professores da Faap.

Foi professor de Expressão Verbal para professores de pós-graduação no programa de treinamento em didática da Escola de Direito de São Paulo da FGV.

Foi professor de Expressão Oral no MBC dos cursos de pós-graduação da Faculdade de Comunicação Social Cásper Líbero.

Escreve artigos ou atuou como colunista sobre comunicação, carreira e comportamento nas revistas *Vencer, Seu Sucesso, Brazilian Press, Você S. A., Segmento, Ser Mais, GoWhere Business* e nos jornais *Tribuna Impressa de Araraquara* e *Diário de Taubaté*.

Colunista semanal sobre comunicação, comportamento e carreira no UOL e na Agência Estado.

Colunista semanal no *Primeiro Programa*, da Rádio Transamérica.

Colunista semanal no programa *Trilha Profissional*, da Rádio USP.

Presidente e membro titular da Academia Paulista de Educação.

Membro titular e fundador da Academia Araraquarense de Letras.

Presidente da ONG Via de Acesso.

Atuou como apresentador do programa de entrevistas *Masters – Falando com Polito*, na rede de televisão JBN TV.

Coordenador do segmento audiolivros e da série *Superdicas*, publicados pela Editora Saraiva.

Coordenador da série *I Superconsigli*, publicada pela Editora Italianova, na Itália.

Coordenador da série *29 minutos*, publicada pela Editora Sextante.

Ministra treinamentos para os executivos de organizações como: Alcan, Alcoa, Basf, Caterpillar, Citibank, Dow Chemical, Du Pont, Ericsson, Esso, Ford, Unilever, Goodyear, Hewlett Packard, Hoechst, Honda, IBM, Johnson & Johnson, Mercedes-Benz, Monsanto, Nestlé, Philips, Pirelli, PricewaterhouseCoopers, Rhodia, Saab Scania, Sanbra, Sharp, Siemens, Volkswagen e centenas de outras empresas importantes.

É autor das obras: *Como falar corretamente e sem inibições,** *Assim é que se fala – Como organizar a fala e transmitir ideias,** *Vença o medo de falar em público, Recursos audiovisuais nas apresentações de sucesso, Como falar de improviso e outras técnicas de apresentação, A influência da emoção do orador no processo de conquista dos ouvintes, Superdicas para falar bem em conversas e apresentações,** *O que a vida me ensinou – Para não deixar a conquista escapar pelos dedos, Oratória para advogados e estudantes de Direito* (com chancelas da OAB-SP e do Conselho Federal da OAB), *Conquistar e influenciar para se dar bem com as pessoas,** *As melhores decisões não seguem a maioria, Como ser um bom papo e se enturmar* (em quadrinhos).

Obras de sua autoria publicadas no Brasil e vertidas para outras línguas: *Super Tips on Speaking Well in Talks and Presentations, Superconsejos para hablar bien en charlas y presentaciones.*

Obras esgotadas: *Técnicas e segredos para falar bem* (5 volumes), *Como se tornar um bom orador e se relacionar bem com a imprensa, Gestos e postura para falar melhor, Como preparar boas palestras e apresentações, Fale muito melhor,** *Um jeito bom de falar bem,** *Seja um ótimo orador.*

É coautor de: *Manual de treinamento e desenvolvimento, Superdicas para ensinar a aprender, Pensamento estratégico para líderes de hoje e de amanhã* e *Antologia dos acadêmicos e patronos da Academia Araraquarense de Letras.*

---

* Estes seis livros entraram para as listas dos mais vendidos do país.

Obras publicadas em outros países: *Cómo hablar bien en público* (Espanha e Colômbia); *Como falar correctamente e sem inibições* e *Como conquistar e influenciar pessoas* (Portugal); *Cómo hablar para convencer – Organiza y transmite tus ideas con éxito* (México); *Conferencias y presentaciones exitosas* (Colômbia); *I Superconsigli – Parlare bene per convincere ed essere protagonista* e *Conquistare, influenzare, parlare bene* (Itália); Как завладеть аудиторией – от собеседника до зала. Супер-советы (Superdicas para falar bem em conversas e apresentações) e Как говорить правильно и без стеснения (Como falar corretamente e sem inibições), publicados na Rússia.

O livro *Como falar corretamente e sem inibições* é a obra, no gênero, mais publicada na história do país, frequentando constantemente o topo das listas dos mais vendidos.

O livro *Superdicas para falar bem em conversas e apresentações* foi um dos 10 mais vendidos no Brasil em 2006 (revista *Veja*).

O Professor Reinaldo Polito ministra o Curso de Expressão Verbal na Rua Mariano Procópio, 226, Vila Monumento, São Paulo.

Tel.: (55) (11) 2068-7595
www.polito.com.br
contatos@reinaldopolito.com.br

RACHEL POLITO

Atua na área de comunicação há 20 anos.

Formada em Comunicação Social pela Faap.

É diretora e instrutora do Curso de Expressão Verbal Reinaldo Polito.

Ministra treinamentos de comunicação verbal e técnicas de apresentação em português e em inglês.

Mestre em Comunicação e Consumo pela ESPM.

Máster em Tecnologia Educacional pela Faap.

Especialista em planejamento estratégico pela Regis University.

Facilitadora em Criatividade pela Faap.

Pós-graduada em Marketing pela ESPM.

Training Instructor (com ênfase em Dealing with difficult learners) – The training clinic – Los Angeles.

É autora da obra *Superdicas para um trabalho de conclusão de curso nota 10*, publicada também na Itália com o título *I Superconsigli per una tesi di laurea da 110 e lode*.

É coautora de *Perspectivas teóricas em comunicação e consumo: continuando o debate*.

Coordenadora da série *29 minutos*, publicada pela Editora Sextante.

A professora Rachel Polito ministra o Curso de Expressão Verbal na Rua Mariano Procópio, 226, Vila Monumento, São Paulo.

Tel.: (55) (11) 2068-7595
www.polito.com.br
contatos@reinaldopolito.com.br

BIBLIOGRAFIA

DESCARTES, René. *Discurso do método*. São Paulo: Martins Fontes, 2001.

FAÏTA, Daniel. "A noção de 'gênero discursivo' em Bakhtin: uma mudança de paradigma." In: BRAIT, Beth (org.). *Bakhtin, dialogismo e construção do sentido*. Campinas: Unicamp, 1997.

GUIDDENS, Anthony. *Modernidade e identidade*. Rio de Janeiro: Jorge Zahar Editor, 2002.

MAETERLINCK, Maurice. *O tesouro dos humildes*. São Paulo: O Pensamento, 1945.

POLITO, Rachel. *Superdicas para um Trabalho de Conclusão de Curso nota 10*. São Paulo: Saraiva, 2008.

POLITO, Reinaldo. *A influência da emoção do orador no processo de conquista dos ouvintes*. 4. ed. São Paulo: Saraiva, 2005.

_____. *Como falar corretamente e sem inibições*. 111. ed. São Paulo: Saraiva, 2006.

_____. *Conquistar e influenciar para se dar bem com as pessoas*. São Paulo: Saraiva, 2013.

_____. *As melhores decisões não seguem a maioria*. São Paulo: Saraiva, 2015.

_____. *Recursos audiovisuais nas apresentações de sucesso*. 7. ed. São Paulo: Saraiva, 2010.

_____. Textos sobre comunicação, comportamento e carreira. Portal UOL, seção Economia, desde fevereiro de 2007.

THEODORO, Marlene. *A era do Eu S/A – em busca da imagem profissional de sucesso*. São Paulo: Saraiva, 2004.

CONHEÇA OUTRO TÍTULO DA COLEÇÃO 29 MINUTOS

29 minutos para entender a Bíblia
Esequias Soares & Daniele Soares

A Bíblia é o livro que mais influencia povos e nações do mundo inteiro. Ela está presente no cotidiano de 6 bilhões de pessoas, mesmo daquelas que nunca folhearam suas páginas. Mas o que, de fato, sabemos sobre ela?

Com uma linguagem simples e acessível, Esequias Soares e Daniele Soares apresentam informações essenciais para que você entenda as histórias e os fundamentos bíblicos. Você vai conhecer as Escrituras de uma forma diferente, compreendendo as origens, a estrutura e o contexto histórico e social de seus diversos livros.

Ao final de cada capítulo de *29 minutos para entender a Bíblia*, você vai encontrar um pequeno resumo que pode ser lido em menos de um minuto. Além disso, vai descobrir:

- como a Bíblia foi preservada ao longo dos séculos
- qual a ordem cronológica dos acontecimentos
- como as evidências históricas comprovam a existência das personagens bíblicas
- quem eram os patriarcas, profetas, sacerdotes e reis do Antigo Testamento e os apóstolos do Novo Testamento
- como se aprofundar no conhecimento da Palavra de Deus

O objetivo da série *29 minutos* é oferecer conhecimentos essenciais de forma acessível e descomplicada, discutindo os mais diversos temas, de finanças a moda, passando por redação, concurso público, liderança, história e filosofia, sempre com a visão de especialistas de renome.

CONHEÇA OUTROS TÍTULOS DA EDITORA SEXTANTE

Apresentações convincentes
NANCY DUARTE

Para muita gente, falar em público é um enorme desafio, não importa se é uma palestra para dezenas de pessoas ou uma apresentação para o chefe ou o cliente.

Apresentações convincentes dará a você a confiança e as ferramentas necessárias para vender suas ideias e inspirar as pessoas.

Aprenda a calcular o tempo certo de uma palestra sem correr o risco de entediar os participantes, decidir se é ou não necessário usar o PowerPoint e escolher um layout e as melhores imagens para os slides. Veja também como:

- conectar-se com o público
- organizar uma narrativa coerente
- conquistar plateias resistentes
- montar slides interessantes e marcantes
- divulgar suas ideias por meio das redes sociais

Nancy Duarte é escritora, palestrante e CEO da Duarte Inc., a maior empresa de design do Vale do Silício, que já criou 250 mil apresentações para diversas empresas e organizações. É autora de *Ressonância* e *Slide:ology*. Trabalhou com Al Gore no slideshow do documentário *Uma verdade inconveniente* e ministrou palestras no TED Talks sobre desenvolvimento de apresentações.

Como chegar ao sim
Roger Fisher, William Ury e Bruce Patton

Uma das mais importantes obras da área de negócios, *Como chegar ao sim* já ajudou milhões de pessoas a adotar uma forma mais inteligente, amistosa e eficaz de negociar.

Baseado no trabalho do Projeto de Negociação de Harvard, grupo que estuda e atua em todos os tipos de negociações, mediações e resoluções de conflitos, ele oferece um método direto e prático para obter acordos que satisfaçam todas as partes envolvidas.

As dicas e técnicas são acompanhadas de exemplos reais e podem ser aplicadas a qualquer situação, não importa se você estiver pedindo um aumento, lidando com problemas familiares, resolvendo questões de negócios ou buscando evitar uma guerra.

As lições de William Ury, Roger Fisher e Bruce Patton vão mudar a forma como você encara uma negociação. Aprenda com eles a:

- separar as pessoas do problema em discussão
- concentrar-se nos interesses das duas partes, não em defender posições
- trabalhar em parceria para encontrar opções criativas e justas
- alcançar seus objetivos sem prejudicar o relacionamento
- negociar com pessoas difíceis ou mais poderosas que você

Cartas a um jovem advogado
Francisco Müssnich

Considerado um dos mais importantes advogados do país, Francisco Müssnich divide com o leitor o conhecimento que acumulou ao longo de mais de 40 anos de profissão para ajudar futuros advogados a construir as bases de uma carreira sólida e bem-sucedida.

Discutindo temas como tendências de mercado, a importância da diversificação do conhecimento, o temido exame da Ordem, as diferentes possibilidades de atuação, os desafios e os dilemas éticos enfrentados pelos advogados no dia a dia, Francisco oferece uma perspectiva realista a respeito da prática profissional.

Em 29 capítulos curtos, ele transmite os princípios e as convicções que norteiam sua carreira, ao mesmo tempo que relata histórias pessoais numa conversa leve e despretensiosa.

Nessa versão atualizada de *Cartas a um jovem advogado*, você vai encontrar orientações práticas para desenvolver uma vida profissional pautada em comprometimento, integridade, valores éticos e, sobretudo, garra e paixão.

A arte de fazer acontecer
David Allen

Sua mente deve estar livre para criar, e não preocupada em reter informações. Foi com esse argumento que David Allen criou o método GTD – Getting Things Done: um sistema de gestão que tem ajudado inúmeras pessoas e empresas a colocar ordem no caos.

Considerado a principal autoridade no campo da produtividade, Allen trabalhou com os melhores e mais brilhantes talentos do mundo defendendo a teoria de manter "a mente clara como água" e abordando o equilíbrio entre vida pessoal e profissional.

Depois de 30 anos de pesquisa e prática, lançou *A arte de fazer acontecer*, um best-seller internacional publicado em 28 idiomas que se tornou uma verdadeira referência em organização pessoal. Nesta nova edição, revisada e atualizada, David Allen insere as novas tecnologias na gestão do fluxo de trabalho e inclui as descobertas mais recentes da ciência cognitiva.

Por meio de cinco passos e inúmeros exemplos, você vai aprender a:

- Aplicar a Regra dos Dois Minutos (faça, delegue, adie ou jogue fora) para esvaziar sua caixa de entrada
- Reavaliar as metas e manter o foco
- Planejar projetos de longo prazo e revisá-los semanalmente
- Controlar a ansiedade e a sobrecarga de trabalho
- Aceitar que você não pode fazer tudo ao mesmo tempo e que algumas coisas podem ficar para depois

Com técnicas revolucionárias, este livro oferece uma nova maneira de trabalhar: com mais foco, mais produtividade e menos estresse.

CONHEÇA ALGUNS DESTAQUES DE NOSSO CATÁLOGO

- Augusto Cury: Você é insubstituível (2,8 milhões de livros vendidos), Nunca desista de seus sonhos (2,7 milhões de livros vendidos) e O médico da emoção
- Dale Carnegie: Como fazer amigos e influenciar pessoas (16 milhões de livros vendidos) e Como evitar preocupações e começar a viver
- Brené Brown: A coragem de ser imperfeito – Como aceitar a própria vulnerabilidade e vencer a vergonha (900 mil livros vendidos)
- T. Harv Eker: Os segredos da mente milionária (3 milhões de livros vendidos)
- Gustavo Cerbasi: Casais inteligentes enriquecem juntos (1,2 milhão de livros vendidos) e Como organizar sua vida financeira
- Greg McKeown: Essencialismo – A disciplinada busca por menos (700 mil livros vendidos) e Sem esforço – Torne mais fácil o que é mais importante
- Haemin Sunim: As coisas que você só vê quando desacelera (700 mil livros vendidos) e Amor pelas coisas imperfeitas
- Ana Claudia Quintana Arantes: A morte é um dia que vale a pena viver (650 mil livros vendidos) e Pra vida toda valer a pena viver
- Ichiro Kishimi e Fumitake Koga: A coragem de não agradar – Como se libertar da opinião dos outros (350 mil livros vendidos)
- Simon Sinek: Comece pelo porquê (350 mil livros vendidos) e O jogo infinito
- Robert B. Cialdini: As armas da persuasão (500 mil livros vendidos)
- Eckhart Tolle: O poder do agora (1,2 milhão de livros vendidos)
- Edith Eva Eger: A bailarina de Auschwitz (600 mil livros vendidos)
- Cristina Núñez Pereira e Rafael R. Valcárcel: Emocionário – Um guia lúdico para lidar com as emoções (800 mil livros vendidos)
- Nizan Guanaes e Arthur Guerra: Você aguenta ser feliz? – Como cuidar da saúde mental e física para ter qualidade de vida
- Suhas Kshirsagar: Mude seus horários, mude sua vida – Como usar o relógio biológico para perder peso, reduzir o estresse e ter mais saúde e energia

sextante.com.br